논·술·세·계·대·표·문·학

16

동물 농장

조지 오웰 | 김회선 엮음

훈민출판사

인도의 캘커타 – 오웰은 인도의 벵골에서 가난한 영국 하급 관리의 아들로 태어났다.

The Best World Literature

개 – 돼지 나폴레옹은 사나운 개 아홉 마리를 앞장 세워 동물 농장에 공포 분위기를 조성한다.

돼지 – 〈동물 농장〉에서 돼지 나폴레옹은 모든 동물들이 애써 이룬 평등적 이상 사회를 허물고 새로운 지배자로 군림한다.

영국 런던의 본스트리트 – 고급 상점들이 모여 있는 곳이다.

영국 버킹엄 궁전의 근위병 교대식 – 오웰은 1927년에 영국으로 돌아와, 1930년대 중반까지 영국과 유럽에서 부랑자로 지냈다.

조지 오웰 – 오웰의 본명은 에릭 아서 블레어이다.

영국 런던의 타워 브리지 –오웰은 영국의 소설가이자 사회 비평가이다.

미얀마의 양곤 – 오웰은 5년 동안 미얀마에서 인도제국의 경찰로 일했다.

The Best World Literature

인도의 어린이들

인도의 아잔타 석굴 사원

구인환(丘仁煥)

서울대학교 사범대학 졸업. 동 대학원 졸업(문학박사)
서울대학교 명예교수, 소설가(현). 서울대학교 사범대학 국어교육연구소 소장(현)
문학과문학교육연구소 소장(현). 국제펜 한국본부 부회장(현)
한국소설문학상(1987). 예술문화대상(1994). 한국문학상(2000)
작품 〈숨쉬는 영정〉, 〈살아 있는 날들〉, 〈일어서는 산〉 외 다수

- **저서** 《한국단편소설의 이해》, 《한국현대소설의 비평적 성찰》,
  《고교생이 알아야 할 소설》, 《고교생이 알아야 할 세계단편소설》 외 다수

윤병로(尹柄魯)

성균관대학교 국어국문학과 졸업. 동 대학원 졸업(문학박사)
성균관대학교 교수, 문학평론가(현). 한국현대소설학회장(현)
한국문예학술저작권협회 이사(현). 한국간행물윤리위원회 위원(현)
한국펜 문학상(1987). 한국문학상(1988). 대한민국문학상(1989)
수필집 《나의 작은 애인들》 외 다수

- **저서** 《현대 작가론》, 《한국 현대 소설의 탐구》,
  《한국 근대 작가 작품 연구》, 《한국 현대 작가의 문제작 평설》 외 다수

홍성암(洪性岩)

고려대학교 국어국문학과 졸업. 한양대학교 대학원 국어국문학과 졸업(문학박사)
동덕여자대학교 교수, 소설가(현). 한국문인협회 회원(현)
한국소설가협회 이사(현). 국제펜 한국본부 소설분과 이사(현). 한민족 문화학회 회장(현)
창작집 《큰 물로 가는 큰 고기》, 《어떤 귀향》 외
대하역사소설 《남한산성》 (전9권) 외 다수

- **저서** 《문학의 이해》, 《현대 작가론》, 《한국 근대 역사소설 연구》 외 다수

기획 · 감수

미얀마의 한 시골 마을

논술 *세계대표문학*을 펴내며

21세기의 사회는 '**전자 문명 시대**'라 일컬어질 만큼 오늘날 전자 산업은 우리 생활의 거의 모든 분야에 다양하게 응용되고 있습니다. 출판 분야 또한 예외는 아니어서, 종래의 서책(Book) 대신에 이른바 '전자책(CD-ROM)'의 출간이 최근 들어 날로 증가하고 있습니다.

그러나 이러한 전자책은 영상 또는 모니터상으로 흥미 위주나 백과사전식 지식을 습득하는 데는 효과적일지 모르지만, 문학 공부를 위해서는 별로 도움이 되지 않습니다. 바꾸어 말하면, 문학 공부는 각 지면마다 살아 숨쉬는 표현 하나하나를 독자 자신의 머리로 음미하면서 작품을 읽어 나가는 가운데, 풍부한 상상력의 배양과 함께 작가의 의도와 그 작품의 내면을 깊이 있게 이해함으로써 이루어지는 것입니다.

이에 훈민출판사에서는, 자라나는 학생들이 범람하는 영상 매체에 길들여지기 전에, 어려서부터 유명한 세계문학 작품들을 책자를 통하여 감명 깊게 읽고 감상함으로써, 올바른 문학 공부의 기틀을 다지고, 아울러 전인 교육도 할 수 있도록 《논술 세계대표문학(전60권)》을 펴내게 되었습니다.

작품 선정은, 초·중·고등학교 국어 교과서와 역사 교과서에 실리거나 소개된 문학 작품을 중심으로 하되, 그리스 신화와 성경 이야기 등의 고전에서부터 중세·근대·현대에 이르기까지 세르반테스·셰익스피어·톨스토이 등 세계 유명 작가들의 장·단편 소설들을 엄선·수록하였습니다. 또 세계의 명시도 별권으로 엮었으며, 특히 각 단락마다 '**논술 문제**'를 제시하여, 장차 대학입시를 비롯한 각종 '논술 고사'에 예비 지식을 쌓을 수 있도록 배려하였습니다. 아무쪼록, 이 《논술 세계대표문학(전60권)》이 자라나는 학생들에게 문학 공부의 주춧돌이 되고, 나아가 미래를 살아가는 데 **정신적 자양분**이 되기를 진심으로 바라 마지않습니다.

훈민출판사

차례

동물 농장

조지 오웰

지은이

1903~1950년. 인도 벵골에서 출생. 본명은 에릭 아서 블레어이다. 1917년부터 1921년까지 영국에서 학교를 다녔으며, 이후 5년 동안 미얀마에서 인도 제국의 경찰로 일하기도 했다. 1927년이 되어서야 영국으로 돌아온 오웰은 궁핍한 생활을 이어가다가 1930년대 중반까지 영국과 유럽 등지를 부랑자처럼 떠돌아다니기도 했다. 이 때의 경험을 1933년에 그의 첫작품 〈파리와 런던의 방랑기〉에 담아 발표하였고, 이어서 〈미얀마의 나날〉로 작가로서 인정을 받았다
1944년 〈동물 농장〉을 발표하여 일약 명성을 얻게 되었으며, 지병인 결핵으로 입원 중 걸작 〈1984년〉을 완성하였다.

동물 농장

메이져의 꿈

"어허, 춥다!"

아직은 쌀쌀한 날씨에 술기운에 비틀거리며, 몸을 가누지 못하는 사나이가 닭장 문에 자물쇠를 채우느라 애를 쓰고 있었다. 손에 들고 있던 등불의 불빛이 이리저리 흔들리며, 사나이의 눈을 더욱 어지럽게 만들었다.

겨우 닭장 문을 잠근 그는 만족스러운 듯 농장을 가로질러, 부엌 쪽으로 걸어갔다. 하지만 쪽문 닫는 일은 잊어버리고 말았다. 장원 농장의 동물들이 숨을 죽이며 살펴보고 있는 이 사나이는, 농장의 주인인 존스였다. 부엌으로 간 그는 발에 꼭 끼는 긴 장화를 있는 힘껏 잡아당겨 벗었다.

"에잇!"

신발이 훌렁 벗겨지며 존스는 뒤로 벌렁 자빠지고 말았다. 몸을 추스르고 일어난 그는, 주방에 놓인 맥주를 발견하고 다시 한 잔 거나하게 들이켰다. 그리고는 흡족한 얼굴로 곤한 몸을 쉬기 위해 침실로 들어갔다. 침대 위에는 벌써 아내가 드르렁거리며 깊은 잠에 곯아떨어져 있었다. 존스는 침실의 불을 끄고 잠자리에 들었다.

이 때를 기다렸다는 듯이, 농장 동물들의 움직임이 바빠졌다. 다름이 아니라, 수퇘지 메이저가 지난 밤에 꾼 꿈을 모두에게 들려주겠다고 했기 때문이다. 메이저는 장원 농장의 웃어른으로 다른 동물의 모범이 될 뿐만 아니라, 연설을 하는 것에는 능숙한 편이었다.

"농장 주인이 잠들면 헛간으로 모이래."

"메이저 노인은 허튼 소리를 하는 분이 아니니, 취침 시간을 한 시간 늦추고 서둘러 가야지."

여러 동물들이 메이저의 모습을 잘 볼 수 있도록, 조금 높여 놓은 자리에 이미 연설할 준비를 끝낸 메이저가 대기하고 있었다. 헛간 안쪽 끝에 매달린 등이, 어느 정도 살이 쪄서 여유로움이 느껴지는 그의 모습을 하늘거리며 비추고 있었다.

잠시 후, 농장 안에 있던 동물들이 차례차례 몰려들기 시작했다. 블루벨, 제시, 핀처란 이름의 개 세 마리와 돼지들을 선두로 암탉과 비둘기가 들어왔다. 메이저와 같은 종족인 돼지들은, 그의 말을 자세히 경청하려는 듯이 맨 앞 줄에 자리를 잡았다. 암탉은 창틀에, 비둘기들은 서까래가 원래부터 자신들의 정해진 자리인 것처럼 자연스럽게 날아올랐다.

"우리는 역시 돼지들이 앉은 곳 뒤가 좋겠어."

"그럽시다. 입이 근질거리니 그 곳에서 되새김질이나 해야겠네."

털이 북실한 양과 암소들은 돼지들이 앉아 있는 앞으로 가서, 그 뒤에 편안히 엎드렸다. 오늘 하루 농장 주인의 짐마차를 끌고 다니느라 피곤한 기색을 한 말과, 또다른 말이 조심스레 들어섰다. 복서와 클로버라는 이 말들은 덩치 큰 자신들 때문에, 혹시라도 눈에 잘 띄지 않는 작은 동물들이 발에 밟히기라도 할까 봐 걱정하는 눈치였다.

"복서, 이 곳에 동물들이 많이 몰려 있으니, 조심해서 걷도록 해."

그러지 않아도 천천히 발걸음을 옮겨 놓고 있던 복서는, 클로버의 주의에 긴장을 하고 주위를 두리번거린 끝에 가장자리에 머물렀다. 복서는 몸집이 좋은 말로, 꾀를 부리는 법이 없이 항상 열심히 맡은 일을 해내곤 했다. 코 밑에 달린 흰 줄무늬 때문에, 처음 복서를 대하는 동물들은 웃음부터 터트리며 얼간이 같다고 생각하곤 했다. 하지만 며칠만 복서와 함께 지내 보면, 그의 성실함과 남을 헐뜯지 않는 착한 심성에 좋은 인상을 받을 것이다.

함께 온 클로버라는 말은 새끼를 낳은 적이 벌써 네 번이나 있는 암말이었다. 동물들의 어머니격인 클로버는 자상한 마음씨를 가지고 있어서 동물들이 거친 행동을 하거나 싸우는 경우, 중간에 나서서 해결을 하곤 했다. 흰 염소 뮤리엘과 함께 도착한 것은 당나귀 벤자민이었다. 이 농장에서 제일 연장자인 벤자민은, 보통 동물들이 쉽게 친해지기에는 좀 힘든 상대였다. 평소에도 무뚝뚝한 그가 입이라도 열라치면, 누구나 각오해야 할 것이다. 어떡하든지 상대방을 헐뜯는 말을 하거나, 얼토당토 않는 소리를 하곤 했다.

"왜 하느님은 쓸데없는 걸 이렇게 많이 만들어 놓으셨는지 몰라."

"무슨 말이오?"

"파리를 만드셨고, 그걸 쫓기 위해 우리들의 꼬리를 만들어 놓았으니, 처음부터 파리를 만들지 않았으면 꼬리라는 것도 필요치 않았을 거 아니야."

이 말을 들은 동물들은 맞는 말 같기도 하고, 아닌 것도 같아 고개를 갸우뚱거리기도 했다. 또 한 번은 이런 적도 있었다.

"아직 한 번도 웃는 걸 보지 못한 것 같은데, 무슨 걱정이라도 있어요?"

누군가 이렇게 물었을 때, 벤자민은 대답할 가치도 없다는 듯 아무 소리도 없이 있다가는, 한 마디 한다는 것이 고작 이런 대답이었다.

"웃을 일이 없어서."

남의 일에 웬 참견이냐는 듯이 비꼬는 말투로, 상대방이 이야기를 나눌 기분이 들지 않게 만들었다. 그런 벤자민이었지만, 우직한 말 복서를 마음속으로 좋아했다. 복서가 과수원 옆 자그마한 목장에서 풀을 뜯고 있으면, 언제 나타났는지 슬그머니 다가가 옆에서 함께 풀을 뜯어 먹곤 하는 일이 종종 있었다.

갑자기 헛간 입구에서 소란스런 소리가 들렸다.

"꽥 꽥 꽥."

요사이 어미 오리를 잃은 새끼오리들이 한꺼번에 몰려들어, 북새통을 이루었다. 어미 오리의 지시 없이 이곳 저곳을 다니며 자리를 찾는 것을 본 클로버가, 자신의 발을 들어 안전한 휴식처를 만들어 주었다. 잠시 후, 새끼 오리들은 언제 그랬냐는 듯이 곤히 잠이 들었다.

농장 주인의 개인 마차를 끄는 흰 암말 몰리가, 여유로운 표정을 지으며 나타났다. 윤이 번지르르한 갈기를 가진 아름다운 몰리는 무언가 씹으면서, 메이저가 연설하려는 정면에 자신 있는 포즈를 취하고 서 있었다. 그녀의 갈기 끝에는 예쁜 리본 조각이 흩날리듯 매달려 있었고, 그걸 자랑이라도 하듯이 머리를 자주 흔들어 댔다.

"어머, 저길 좀 봐!"

"멍청한 몰리 아가씨가 이번에는 빨간색 리본을 하고 왔어."

몇몇 동물들은 아니꼽다는 투로, 잘난 체하는 몰리를 손으로 가리키며 수군거렸다. 오늘 밤, 메이저의 꿈 이야기에 관심이 있는 웬만한 동물들은, 거의 모두 도착한 듯싶어 막 연설을 시작하려던 찰나였다.

"야옹, 야옹."

날카로운 소리와 함께 마지막으로 등장한 동물은 고양이였다. 불이 번득이는 눈을 이리저리 굴리며 가장 안락한 곳을 찾고 있었다. 고양이의 눈길이 머문 곳은, 복서와 클로버가 있는 사이였다. 몸을 사릴 곳을 찾은 고양이는 서둘러, 두 말들이 불편해 하거나 말거나 사이를 비집고 들어갔다.

곧 연설이 시작되었지만, 고양이는 메이저의 이야기에는 아무런 관심이 없는 듯, 기분이 좋을 때 내는 그르렁거리는 소리를 아무렇지도 않게 내뱉었다.

'흠, 이제 다 온 모양이군. 이야기를 시작해도 되겠어.'

이렇게 생각한 메이저는 헛간을 한 번 빙 둘러보았다. 조금 전까지만 해도 시끌 대던 헛간 안이 어느덧 조용해졌다. 메이저는 목청을 가다듬느라 '에험' 소리를 몇 번 냈다.

"늦은 시간에 이렇게 다들 모여 주셔서, 먼저 감사하다는 말부터 하겠소. 여기 이렇게 모인 것은 일단, 나의 꿈 이야기를 듣기 위해서일 것이오. 하지만 그전에 이 자리를 빌어 할 말이 있소. 그것은 다름이 아니라……."

메이저는 꿈 이야기 외에 다른 중대한 일을 발표하려는 듯이, 잠시 말을 끊었다. 동물들은 재미난 꿈 이야기가 아닌, 다른 할 말이라는 것이 궁금하여 귀를 쫑긋 세웠다.

"여러분도 다 아시다시피 나는 앞으로 살 날이 얼마 남지 않았소. 동물들의 수명이란 사람들과는 달라서, 나도 벌써 죽을 날이 가까워온 듯하오. 하지만 눈을 감기 전에, 내가 그 동안 터득한 지혜를 여러분에게 남기고 싶소. 이 농장에서 제일 나이가 많은 나는, 조금도 시간을 헛되게 보낸 적이 없소. 시간이 날 때마다 끊임없이 나에게 묻고, 왜 그런가를 생각하곤 했지. 물론 이미 세상을 떠난 내 종족에게 조언을 듣기도 하고 말야. 내가 고심한 것은 우리 동물들의 비참한 현실 문제였소. 모두들 당연한 일로 받아들이며 살아가고 있지만, 분명히 해결 방안이 있다고 생각하오. 인간들에 의해 정해진 우리들의 삶

이란 것은, 지치고 비참한데다가 그리 길지 않소. 항상 넉넉지 않은 먹이를 먹고 뼈가 휘도록 일을 하거나, 무언가를 생산해 내야만 하지. 그리고는 결국, 마지막으로 끌려가는 곳은 무시무시한 도살장이란 곳이오."

헛간에 모인 동물들은 메이저의 이야기 도중, 도살장이란 말이 흘러나오자 모두들 온몸을 부르르 떨었다.

"영국에 있는 동물들은 행복이 무언지, 여유가 무언지 알지 못한 채 일생을 보내곤 하지. 즉, 태어나서 자유가 어떤 것인지 알기도 전에, 주인의 명령에 따라 움직여야 하는 노예 같은 생활이 이어지다가, 결국에는 비참한 최후를 맞는다는 거요. 한 마디 저항도 해 보지 못하고 말이요. 우리는 그 동안 이런 것들을 너무 당연히 받아들이고 살아왔지 않았나 하는 생각이 드오. 어떤 동물은, 그런 것들이 자연이 우리에게 베풀 수 있는 최대한의 은혜라고 자포자기하는 경우도 있소만, 난 결코 그렇지 않다고 생각하오. 왜냐하면 영국 땅은 우리들이 생각하는 것보다 훨씬 기름지고, 날씨도 좋은 편이기 때문이오."

메이저의 이야기가 길어질수록 동물들은, 자신들이 어떻게 살아왔는지를 다시 한 번 되돌아보았다. 복서는 메이저의 연설을 들으면서 골똘히 생각에 잠겼다.

'저 얘기들이 무슨 뜻인지 다 알아들을 수는 없지만, 우리의 현실이 편안하고 안락하지 않다는 말은 맞는 것 같아.'

당나귀 벤자민은 이미 저런 이야기 정도는 다 알고 있다는 듯이, 심드렁한 표정이었다.

'흥, 저런 말은 해서 뭐해! 차라리 모르는 게 약이지. 동물들 주제에 저런 철학적 이야기를 다 알아서 어쩌겠단 말이야?'

한편 예쁜이 몰리는, 열변을 토하고 있는 메이저의 말은 아랑곳하지 않는다는 듯이 별로 귀담아 듣지 않았다.

'아유, 이 곳에 오는 게 아닌데. 저런 말들은 지루하고 따분해. 왜 저렇게 세상을 어렵고 힘들게 살려는 걸까? 동물들인 주제에, 저런 생각들이 왜 필요할까? 주인의 귀여움만 받으려고 애쓰면 만사가 다 해결될 텐데.'

영국 땅의 이야기를 꺼낸 메이저는, 내친김에 인간의 몰염치한 부분까지도 열렬히 쏟아 놓으며 강연을 했다.

"여러분, 영국의 자연은 우리 농장의 동물들에게 넉넉한 먹이뿐만 아니라, 생활의 안락함까지도 줄 수 있을 만큼 넉넉합니다. 그럼 도대체, 우리가 이런 비참한 생활을 앞으로 우리들의 자손에게까지도 계속 물려주어야 하는 이유는 무엇이겠소? 그 해답은 잘 알고 있을 것이오. 우리가 일해 놓은 모든 것들을 인간들이 가져가 버리기 때문이오. 우리가 풀어야 할 숙제는, 바로 인간들을 이 곳에서 몰아 내는 것이오. 앞으로도 영원한 적일 수밖에 없는 그들을, 되도록 빨리 쫓아낼 수 있도록 힘을 모아야 하오. 이미 겪어서 알고 있듯이 인간들이란, 생산 능력 없이 우리들이 이루어 놓은 것들을 모조리 가져다가써 버리는 소비자들일 뿐이오. 소처럼 우유를 만들지도 못하고, 닭처럼 알도 낳지 못하는데다가 행동은 재빠르지도 못한 존재요."

동물들은 너무 일상적인 사실들이라, 자신들이 미처 깨닫지 못한 사실인 양 고개를 끄덕거렸다.

'그렇구나. 인간들은 우리보다 달리기를 잘하지도 못하는구나. 그럼, 우리보다 나을 것도 없는데 우리는 왜 지배당해 왔을까?'

사방은 점점 어두워지고, 이 곳은 메이저의 연설로 진지함이 가득했다.

"단점투성이인 이러한 인간들이 우리들을 장악하고 있소. 그들은 힘들게 일한 우리에게, 굶어 죽지 않을 만큼의 식량만을 배급하고 있소. 우리의 힘으로, 우리가 배설한 분뇨로 알찬 수확을 하는데도 우리에게 남는 것은 결국 거친 몸뚱어리뿐이오."

메이저는 아직도 질겅질겅 되새김질에 열중인 암소들을 향해 물었다.

"암소 여러분, 당신들의 젖이 불어 가며 짜낸 우유들은 다 어디로 갔소? 어린 송아지들을 위해 준비해 두었던 우유들이 지금 누구의 수중에 들어가 있는지 설마 모르고 있는 것은 아니겠죠?"

갑작스런 질문에 당황한 암소들은 씹고 있던 것들을 꿀꺽 삼켰다. 자신의 말에 흥분된 메이저는 다시 암탉들을 돌아보았다.

"당신들도 잘 알 것이오. 사랑스럽고 귀여운 많은 알들이 병아리로 태어나기도 전에 어디론가 운반되어 간다는 사실을 말이오. 아마도 그들은 농장 주인의 호주머니에 가득한 돈으로 바뀌어, 술을 마시거나 노름을 하는 데 써 버렸을 것이오."

암탉들은 슬픈 얼굴로 이미 팔려가 버린 소중한 알들을 기억했다. 새끼를 낳은 후 아직도 몸이 부어 있는 암말 클로버는 암탉들과 같은 심정이었다.

"클로버, 당신도 역시 마찬가지일 것이오. 이제까지 어려운 산통을 겪으며 낳은 네 마리의 망아지들은 이제 당신 곁에 없소. 그 새끼들은 당신과 함께 일생을 보내야 하는 게 당연한데 말이오. 그 대가로 당신에게 주어진 것은 조금 더 불어난 식사와 마구간뿐이지 않소?"

클로버의 맑은 눈망울에 이슬이 맺히는 것 같았다.

"게다가 더 비참한 것은 우리들의 목숨이란 것이, 모진 인간들에 의해 언제 없어질지 알 수 없다는 것이오. 나 자신은 그런 경우에서 예외의 경우가 되었지만. 이렇게 열두 살까지 살고 있고, 자식복도 있는 편이니까 그래도 나은 편이오. 그러나 이곳 농장 안에 있는 모든 동물들은, 어느 정도 각오를 해야만 하오. 농장 주인 존스의 신경을 건드리는 날엔, 목숨을 부지하기 어렵다는 것은 모두들 잘 알고 있을 것이오. 미안한 말이지만 내 앞에 앉아 열심히 이야기를 듣고 있는 어린 돼지들 역시, 사람들이 먹을 음식으로 변할 날이 오래지 않아 올 것이오. 다른 동물들 역시 그 시기가 일찍 닥치든 늦게 닥치든 간에, 언젠가 한 번은 치러야 하는 피할 수 없는 것이오. 말이나 개라고 해서 그 운명을 피할 수는 없을 것이오. 개 역시 나이가 들어 이빨이 빠져 버려 더 이상 쓸모가 없어지는 날엔, 쥐도 새도 모르게 우리들 곁에서 없어질 게 뻔하오."

복서는 설마 자신처럼 힘센 말을 어쩌랴 싶은 생각이 들었고, 클로버는 다음 말을 기다렸다.

"복서, 당신도 마찬가지요. 지금이야 설마 하는 마음이 있을 수 있겠지만, 당신 역시 언젠가는 기운이 예전 같지 않을 날이 올 것이오. 그때는 백정이 당신을 데리러 올 테고, 그리고는 아마도 사냥개의 먹이가 되어 있기 십상일 것이오."

죽음에 대한 이야기가 계속되자, 동물들은 자신이 죽음을 당하는 장면을 상상하느라 사방은 찬물을 끼얹은 듯 조용했다.

"결국 우리들의 열악한 삶의 원인은, 모두 인간에게서 비롯된 것이오. 인간만 동물의 세계에서 추방이 된다면, 자연스럽게 동물들의 여러 가지 문제들이 저절로 해결될 것이오. 우리들이 애써서 생산해 낸 것들은 모두 우리 것이 될 수 있으며, 한숨 자고 나면 새로운 세상이 펼쳐질 것이오. 그러면 앞으로 어떤 생각을 가지고 어떻게 움직여야 할까요? 안락하고 자유로운 몸이 되기 위해서는, 이 시간 이후부터 끊임없이 인간을 쫓아 내려는 노력을 하여야 할 것이오. 잠시라도 딴 생각을 해서는 안 될 것이오. 이제까지와는 다른 삶을 원한다면, 털고 일어나 뭉쳐야 합니다. 풍요로운 세상이 언제 올지는 여러분의 손에 달린 것이오. 내일이 될지 아니면 한 달 후가 될지, 1년 후가 될지는 아무도 장담할 수 없소. 하지만 여러분이 내 말을 잊지 않고, 부단히 노력한다면 그날은 꼭 올 것이오. 세상의 순리란 항상 무엇인가를 추구하는 자에게만 돌아가는 법이니까."

동물들 중에는 메이저의 이야기에 감동을 받은 부류가 있는가 하면, 그래도 세상은 변함이 없을 것이라고 생각하는 부류도 있었다.

"여러분들 세대에서 이러한 일을 이루어 놓지 못한다고 하더라도 실망할 것 없소. 자식들이 우리들 뒤를 잇고 있으니, 그들에게 늘 잊지 말고 내가 전하는 말을 들려주도록 하시오. 한 가지 더 명심할 것은 이러한 일을 계획해 나갈 때는 주변의 유혹이 있을 수 있다는 것이오. 여러분들은 서로 협동하여 그 유혹들을 물리칠 수 있을 것이오. 아마 인간들은 어려운 처지에 놓이면 이런 말들을 할지도 모르오. 내 부모님에게서 들은 이야기인데, 인간과 동물은 서로에게 의존적인 관계로 떼려야 뗄 수 없는 사이라는 것이오. 이 말은 인간들이 동물들을 자기 멋대로 부리기 위해 지어 냈을 따름이지 절대 그렇지 않소. 인간과 동물은 서로에게 보탬이 될 수 없소. 동물들은 헌신적으로 베풀 뿐이지, 사람들에게 도움을 받은 것은 별로 없지 않소?"

메이저는 오래 산 덕택에, 자신의 이익만을 챙기려는 인간들의 이기주의가 얼마나 무서운 것이라는 걸 잘 알고 있었다. 그는 다시 한 번 강조하며, 동물들이 인간들을 경계해야만 한다고 덧붙였다.

"가끔은 동물들에게 선심을 쓰는 척하기도 하는데, 여기에 속아넘어가서는 안 되오. 딱 잘라 말하면, 인간들은 우리들의 적이라고 생각하면 틀림없소. 인간들을 몰아내려면, 우리 동물들은 똘똘 뭉쳐야 하오. 그렇지 않고는 영리한 인간들의 무리를 당해 낼 수가 없소. 즉 인간은 우리들의 영원한 적이고, 동물들은 우리들의 동지라는 것을 항상 잊지 않도록 하시오."

시간이 흐를수록 오늘 연설의 초점은, 인간을 농장에서 내몰자는 것으로 맞추어져 갔다. 그 시기가 언제가 될지는 모르지만, 확실한 것은 사람들이 동물들의 적이라는 사실이었다. 동물들의 모든 고통의 원인은 인간들이었고, 그렇게 만든 것에 대한 책임을, 언젠가는 져야 한다는 사실 하나만으로도 충분히 위로가 되었다.

헛간 안은 당장 무슨 일이 일어날 것처럼 흥분이 고조되었다. 그 순간 난데없이 쥐들이 사방으로 달아나기 시작했다.

"찍찍찍……. 찍찍!"

몇 마리의 쥐가 개들에게 쫓겨, 부리나케 자신들의 구멍으로 도망쳐 들어갔다. 사실 조금 전부터 네 마리의 쥐들이 쥐구멍에서 살금살금 빠져 나와서, 메이저의 연설을 열심히 듣고 있던 중이었다. 처음에는 단지 농장 안의 동물들이 한 곳에 모인 이유가 궁금했으나, 쥐구멍으로 들려오는 연설 소리를 듣고는 자신들도 모르게 감동을 받아 긴 꼬리를 스르르 흔들며 조금씩 조금씩 연설장으로 나오게 된 것이다.

개들이 마침 여러 동물들을 감시하듯 이곳 저곳을 둘러보다가, 난데없는 쥐 무리를 발견하고는 단번에 쫓기 시작하여, 한순간 헛간의 분위기가 산만해졌다. 그 동안 고양이는 사방으로 흩어져 가는 쥐들의 무리에는 별 관심이 없는 듯, 웅크리고 있던 그대로 꼼짝도 하지 않았다.

'그냥 두면 될 걸 뭘 저렇게 쫓아다닌담?'

고양이의 표정은 마치 이런 생각을 하고 있는 듯했다. 웅성거리는 동물들의 시선을 다시 집중시키기 위해, 메이저는 한 가지 제안을 했다.

"자, 마침 잘 됐소. 그러잖아도 쥐와 같은 동물들에 관해, 여러분의 의견을 듣고 싶던 참이었소."

농장 안에 사는 동물들은 무슨 소리인지 몰라 메이저의 다음 이야기에 귀를 기울였다.

"쥐나 산토끼처럼 농장 안에서 길러지지 않는 것들은, 우리 편으로 하는 것이 좋을까? 아니면 인간들처럼 우리들의 적으로 분류하는 것이 좋을까?"

누군가가 소리쳐 말했다.

"다수결로 결정합시다!"

"말 나온 김에 당장 결정합시다!"

메이저가 연설을 시작할 즈음엔 별 관심이 없던 동물들도 이제는 적과 동지를 구분해야 한다는 사실에 적극 참여했다. 동물들은 차례를 지켜 자신들의 의견을 분명하게 밝혔다. 야생 동물들이 우리의 동지인가 적인가에 대한 찬성과 반대는, 순식간에 결정이 내려졌다.

"여러분의 의견이 모아졌으니 발표하겠소! 결과는 과반수 이상의 찬성으로 길들여지지 않은 동물들도 우리들의 동지로 결정이 났소."

"반대표도 있었나요?"

"그렇소. 하지만 단지 네 장에 지나지 않소."

궁금한 동물 중에는 누가 자신을 밝히지 않았냐고 소리쳐 물었다. 회의가 끝나고 동물들의 입을 통해 알려진 사실에 의하면, 반대표 중 세 표는 개들의 의견이었다. 나머지 한 표는 고양이의 것이었지만, 사실 고양이는 찬성과 반대 양쪽에 모두 의견을 내놓았다고 한다. 투표가 별 탈 없이 치러지자 메이저는 당부의 말을 정리한 후, 꿈 이야기를 하기로 마음먹었다.

"한 번 더 당부하거니와 인간들의 말은 절대 믿어서는 안 되오. 항상 마음속에 이 말을 간직하고, 그들의 모습이 보일라치면 분노를 일으켜야 하오. 쉽게 풀어 다시 한 번 강조하건대, 두 발로 걷는 것은 무조건 우리의 적이며, 네발 또는 날개를 가진 동물들만이 영원한 우리들의 동지임을 잊지 마시오."

동물들은 알아듣기 쉽게 표현한 것을 입으로 읊조렸다.

"두 발은 적이고, 네발은 동지다!"

"그래, 그게 외우기 쉽겠다. 두 발은 나쁘고 네발은 좋다."

"네발과 날개를 가진 동물은 우리의 친구다."

어떤 동물은 자신의 다리 숫자를 세어 보며 적과 동지를 구분하는 데 자신감을 가졌다. 이곳에 모인 모든 동물들은 메이저가 그동안 느껴 왔던 사실들을 전혀 생각해 보려고 하지도 않았었고, 비록 조그만 관심을 가지고 있더라도 그것을 어쩔 수 없는 운명으로 받아들였었다.

그러나 이야기가 길어질수록, 자신들이 무언지 부당한 대우를 받고 있다는 것을 어렴풋이 깨달을 수 있었다. 게다가 메이저가 단순하게 구분지어 준 대목에 이르러서는, 무언지 모를 정의감이 각자의 마음에 솟구쳐 올랐던 것이다.

"또 한 가지 우려되는 일은, 인간의 모습을 닮아 가지 말라는 것이오. 인간과의 싸움에서 이긴 후에라도 그들이 하는 행동을 흉내 낸다면, 우리들은 망할 것이오. 예를 들면 인간들이 살던 집에 들어가 산다든지, 짚더미 속을 버리고 인간들의 침대에서 잠을 잔다가 하는 일은 해서는 안 되는 일이오. 더 강조를 하자면, 인간들의 멋진 옷을 걸치거나 정신을 흐리게 하는 술과 담배를 가까이 해서는 안 되며, 돈을 벌기 위해 장사를 하는 짓은 더욱더 경계해야 하오. 인간들이 하는 짓은 모두 옳지 않은 일투성이라는 것을 잊어서는 안 되오! 마지막으로 한 가지만 더 당부하고 내 꿈 이야기를 해 주겠소."

메이저가 마지막 당부의 말이 있다고 하자, 동물들은 이 대목이 가장 중요할 것이라고 여겼다.

"마지막으로 할 말은 이 곳에 모인 동물들을 비롯한 모든 동물들은 평등하다는 사실을 잊지 말아 달라는 거요. 영악한 동물들이 좀 어리석다고 생각되는 동물들을 깔보고 지배하려고 해서는 안 되오. 한순간일지라도 그것은 용서할 수 없소. 우리 동물들은 인간들처럼 지배하려는 속성에 절대 마음을 뺏겨서는 안 되오. 우리들은 한 형제지간이나 마찬가지요. 평등이 깨지고 누군가를 밑에 두고 부릴 경우, 결국 살해하는 일마저 생길 게 분명하오. 지배자들은 그들의 세력을 유지하기 위해 힘없는 동물들을 마음대로 죽일 테니까 말이오!"

평등이 없어지면, 그에 따른 희생자가 나올 수 있다는 메이저의 마지막 당부는, 동물들의 얼굴에 긴장감마저 감돌게 했다.

"이제부터 내가 하는 이야기는 어젯밤 꿈에 관한 일입니다."

동물들은 오늘 처음 들어 본 평등이란 단어에서, 갑자기 꿈 이야기로 화제가 바뀌자 재미난 상상을 하며 눈들을 반짝거렸다.

"꿈 속에서 본 것들이 다 기억나지는 않지만, 꿈이 깨고 난 후 생각해 보니 그것은 인간들이 없어진 후 세상의 모습이었던 것 같소. 꿈은 그 동안 잊고 지냈던 옛일을 기억나게 해 주었소. 내가 어렸을 때, 어머니와 다른 암퇘지들은 각자의 새끼들을 위해, 항상 흥얼거리던 노래가 있었소. 노래를 부르던 그들도 가사를 다 알지 못해서, 세 마디 정도만 반복해서 늘 부르곤 했소. 자라면서도 늘 들었던 노래라, 나도 세 마디 정도는 능숙하게 불렀었지. 그 후 어머니가 돌아가시고 내 주변의 친구들도 내 곁을 떠난 후로는 노래를 부를 여유마저도 없었고, 그다지 신경도 쓰지 않았기 때문에 잊어버리고 말았소. 그런데 신기한 일도 다 있지. 어젯밤 꿈을 꾸고 난 후, 그 노래 가사가 다 생각나는 거요. 어머니도 모르셨던 부분까지 모두 말이오!"

메이저는 어젯밤 일이 스스로도 신기했던지 잠시 말을 끊었다.

"여러분들에게 그 사실을 확인시켜 주기 위해, 이 자리에서 내가 그 노래를 불러 주겠소. 내 목소리가 혹시 귀에 거슬리더라도, 참고 들어 주기 바라오. 가사만 잘 새겨듣더라도 더없이 좋을 테니까."

"메이저 양반, 그 노래 제목은 무엇이오?"

"아, 제목은 〈영국의 동물들〉이고, 지금부터 내가 불러 보겠소."

동물들은 연설의 마지막을 노래로 장식하는 터라, 가벼운 마음으로 함께 흥얼거렸다.

영국에 있는 동물들아
이 땅의 동물들아
저 소리가 들리는가
우리들의 시대가 온다네.

머지않아 다가오리
몰염치한 인간들을 내쫓고
기름진 영국의 들판이
정의로운 동물들의 것이 되리.

우리들을 항상 옭아맸던
코뚜레와 멍에가 사라지고
재갈과 박차,
채찍질도 없어지리라.

꿈도 꿀 수 없었던
모든 밀과 보리, 귀리와 건초

들에 있는 모든 것들이
모두 우리 것이라네.

들판은 물결치고
흐르는 물은 맑아지네.
시원한 바람 소리와 더불어
우리의 날이 올 것이네.

그날을 내가 맞이하지 못할지라도
다른 동물들을 위해 준비하세.
말과 암소, 거위와 칠면조도
자유를 위해 앞으로 전진하세.

영국에 있는 동물들아
이 땅에 있는 동물들아
사방에 이 소식을 뿌려라.
동물들의 시대가 온다는 소식을.

이 노래는 반복되어 누구나 쉽게 따라 부를 수 있었다. 아니나 다를
까 메이저가 노래를 다 끝맺기도 전에, 여기저기서 흥얼대며 부르고 있
었다. 자신들의 억눌렀던 심정을 그대로 노래로 옮긴 듯하여, 소리를 내
는 것만으로도 가슴속이 후련해지는 듯했다. 미련한 동물들은 몇 마디
의 가사와 더불어 곡조를 외웠고, 영리한 돼지들과 개들은 두어 번 정
도 반복한 뒤에는 완벽하게 부를 수 있었다.
　"우리의 날이 올 것이네……."

어떤 동물들은 이 부분이 마음에 들었는지 그 소절만 반복했다.

"멍에가 사라지고…… . 채찍질도 없어지리라."

농장 일을 하면서 존스의 채찍 맛을 본 동물들은 그런 무시무시한 것들이 없어진다는 말이 믿기지 않는 듯했다. 좋아하는 대목을 찾아 여러 번 반복해서 부르던 동물들은, 결국에는 합창을 하기에 이르렀다. 그 소리는 마치 농성을 하는 시위대의 모습 같았다.

"음매…… . 히히잉…… . 꽥꽥꽥…… ."

나름대로 열심히 자신의 소리를 목청껏 내지르며, 메이저가 가르쳐 준 〈영국의 동물들〉이란 노래를 불렀다. 한번 시작한 노래는 깊은 잠에 곯아떨어졌던 존스가 깨어날 때까지 멈추지 않았다.

"아니, 이게 무슨 소리야? 왜 이렇게 동물들이 울어 대는 거지?"

도무지 시끄러워 잠을 잘 수 없던 존스는 비몽사몽 간에 잠에서 깨어 잠시 추리를 해 보았다.

'맞아, 여우가 울타리를 넘어 농장 안으로 들어온 게로구나!'

여기까지 생각이 미친 존스는 서둘러 침대에서 일어나, 총을 세워 둔 곳으로 걸어갔다. 긴장된 마음으로 총을 집어든 그는, 살며시 안채를 걸어 나와 방아쇠를 잡아당겼다.

"탕!"

처음 총소리가 났을 때, 헛간 안에 있던 동물들은 잘 듣지 못했다. 그때는 새로운 노래에 너무나 심취해 있었고, 여기저기서 모든 동물들이 소리를 질러 댔기 때문에 총소리는 노랫소리에 파묻혀 버렸다.

"탕! 탕! 탕!"

연이은 총소리에 그제야 동물들은 일이 심상치 않음을 깨달았다. 존스가 쏜 총은, 여우에게 겁을 줘 달아나게 하려는 뜻에서 쏜 공포탄이었다. 갑자기 제정신이 든 듯 모든 동물들은 존스가 눈치채지 못하도록 자신들의 잠자리로 돌아갔다.

노랫소리는 더 이상 들리지 않았고, 사방은 다시 고요해졌다.

시작된 반란

동물들이 헛간에 모인 지 사흘 후, 메이저는 죽을 날이 얼마 남지 않았다는 자신의 말대로 조용히 숨을 거두었다. 과수원 한 기슭에 묻힌 그를 위해, 동물들은 깊은 애도의 마음을 전했다. 비록 메이저가 죽고 없었지만, 그 후 3개월 동안 농장 안에서는 동물들이 모임을 갖는 일이 잦아졌다. 메이저의 연설은 이 농장 안에 있던 몇몇 똑똑한 동물들에게 신선한 충격을 던져 주었던 것이다.

'그래, 그 양반의 말이 이루어지기에는 아직 이르다는 것을 알아. 하지만 전혀 불가능한 일만은 아니야. 그 때를 위해 준비하도록 하자.'

영리한 동물들은 그 준비를 해 두는 것이, 자신들이 해야 할 일이라는 것을 깨달았다. 그들 역시 반란의 시기가 언제 닥칠지는 염두에 두지 않았다. 아니, 그런 날은 오지 않을 수도 있다는 생각을 더욱 많이 했다. 하지만 동물들만의 새로운 세계에 대한 동경을 쉽게 없앨 수는 없었다.

'그 날이 오면 내가 주도권을 잡아야지.'

여러 동물들 중에 가장 우수하다고 여겨지는 돼지들은, 영리한 머리만큼이나 지도자가 되고 싶은 욕망이 컸다. 농장 안의 동물들 역시 돼지들이, 앞으로의 일을 계획하고 조직을 만드는 일을 도맡아 하는 것에 대해 불평이 없었다. 이 돼지들 중에서 단연 돋보이는 돼지는, 스노볼과 나폴레옹이라는 두 마리의 수돼지였다.

나폴레옹을 처음 본 동물들은 그 커다란 몸집과 매서운 눈초리에, 별로 가까이 가고 싶다는 생각이 들지 않을 것이다. 생긴 것처럼 말솜씨도 고분고분한 편이 아니었다. 그는 무슨 일을 추진할 때면, 자신이 정한 일을 관철시키기 위해 수단과 방법을 가리지 않았다.

이에 비해 스노볼은 여러 돼지들과도 잘 어울렸다. 재주가 많아 항상 친구들의 부러움의 대상이 되었다. 말도 잘하는 편이었고, 궁금한 것이 있으면 항상 연구하곤 했다. 만약 동물들에게 만능 재주꾼인 스노볼의 단점을 이야기하라고 한다면, 그들은 이렇게 대답할 것이다.

"스노볼의 단점을 굳이 말하라면, 가끔 촐싹댄다는 점이야."

이 두 마리의 돼지들을 제외하곤 모두, 사람들이 먹을 고기를 공급하기 위해 사육하는 돼지들이었다. 식용 돼지라고 이름 붙여진 돼지들 중에는 단연, 스퀼러가 돋보였다. 작은 몸집에 뒤룩뒤룩 살찐 이 돼지는 생각보다 재빨랐다. 스퀼러의 장점은 사람들을 설득하는 일에 능하다는 것이다. 여기에 꼬리를 휘두르며 돌아다니는 모습은, 그의 말을 믿지 않을 수 없도록 하는 데 중요한 역할을 하곤 했다.

동물들은 그의 말솜씨에 혀를 내두를 정도였다. 거의 불가능하다고 했던 일까지도, 그가 나서서 동물들을 설득하는 날에는 할 수 있는 일로 바뀌었다.

"나폴레옹, 어서 오게."

"이 쪽으로 앉으시지요."

나폴레옹이 문 안으로 들어서자, 이미 도착한 스노볼과 스퀼러는 가벼운 인사를 나누었다. 스노볼과 나폴레옹, 스퀼러는 요사이 한 곳에 모여, 무엇인가를 열심히 만들었다.

"자, 이 정도면 메이저 어른이 주장하신 내용이 충분히 담겨졌다고 생각해."

"그래, 이제부터는 이 교본을 가지고, 농장 안의 동물들을 교육시켜야 해. 메이저가 하루 저녁 연설한 것만으로는, 동물들의 생각이 변하지 않을 거야. 물론, 그 날은 신선한 충격으로 받아들였겠지만……."

그들이 교본으로 만든 것은 〈동물주의〉라는 제목이 붙여졌다. 책이 완성된 후, 동물들은 일주일에 몇 번씩 헛간에 모여 〈동물주의〉라는 교본을 바탕으로 교육을 받았다. 세 마리 돼지 책임자가 그들에게 동물주의란 어떤 것인가를 열심히 설명했지만, 어리석은 동물들은 잘 이해하지 못했다. 오히려 왜 이런 공부를 해야 하는지 따지고 물었다.

"농장에 딸린 동물이 그런 생각을 왜 가져야 하는지 모르겠어. 그리고 우리의 주인인 존스를 내쫓고 난 뒤엔, 누가 우리들에게 먹이를 나누어 주지?"

"그러게 말이야. 게다가 하루 일을 끝내고 오면 피곤해서 잘 시간도 부족한데, 왜 이런 골치 아픈 공부를 해야 하는지 이해할 수 없어."

어떤 동물들은 아예 앞에 한 이야기는 듣지 않다가, 뒤의 내용만 들었는지 엉뚱한 질문을 하기도 했다.

"반란이 꼭 일어난다면 우리들이 이렇게 모여 앉아서 토론하고 준비할 필요가 있을까? 어차피 우리의 의지와는 상관 없는 일인데."

돼지 책임자들은 왜 이런 공부를 하는지에 대해, 전혀 이해하지 못하는 그들을 위해 천천히 자세하게 설명해 주었다.

"우리는 이제까지의 생활에 너무 익숙해져 있어서, 다른 길이 있다는 사실을 받아들이기 쉽지 않다는 것을 잘 알고 있소. 하지만 분명히 알아 두어야 할 것은, 이 비참한 생활을 탈출할 수 있는 방법이 분명 있다는 것이오. 그 때가 되면 우리들 손으로 직접 재배한 것을, 우리 모두 평등하게 나누어 가질 것이오. 먹을 것이 풍부해지니까, 지금처럼 밤늦게까지 일할 필요도 없소. 휴일엔 인간들처럼 휴식도 취할 수 있소. 그런데 인간들을 이 농장에서 몰아 내는 일은, 저절로 이루어지는 것이 아니오. 우리가 그 필요성을 절실히 느낀 후, 행동으로 옮겨야만 이루어질 수 있는 일이오."

책임자들의 설명을 듣고 난 질문자들은 고개를 끄덕였다. 분위기가 이런 와중에 한 마디도 않던 몰리가 앞으로 썩 나섰다.

"스노볼, 그 반란이라는 것이 성공적으로 끝난 후에도 설탕을 먹을 수 있는 건가요?"

몰리는 동물들의 반란에는 별 관심이 없었다.

"없을 것이오."

실망한 몰리를 본 스노볼은 괜히 미안한 마음이 들었다.

"이 곳에는 설탕을 만드는 시설물이 없으니까 그렇다는 말이오. 하지만 몰리가 좋아하는 귀리와 건초 따위는 질리도록 먹을 수 있소."

몰리는 내친김에 자신이 궁금하게 생각했던 다음 질문을 했다.

"그 때쯤에도 내가 좋아하는 리본을, 갈기에 매는 일은 계속 해도 상관 없겠지요?"

"……."

스노볼은 여러 동물 앞에서 몰리에게 벌컥 화를 낼 수는 없었기 때문에, 잠시 마음을 추스렸다. 그리고는 조용하지만 엄한 말로 타일렀다.

"각자의 취미를 이렇다 저렇다 평가하면서 꾸짖을 필요는 없을 거요. 하지만 상대방이 모르는 사실이 있다면, 알려 줘야 하는 것이 옳다고 생각하오. 몰리, 당신이 폼나게 달고 다니는 그 리본이라는 것은, 노예의 표시라는 걸 알아 줬으면 하오."

몰리는 리본이 상징하는 바가 자신에게는 큰 의미가 없다고 생각했다. 몰리는 그저 다른 사람들에게 자신의 모습이, 아름답게 비춰지기만 하면 그뿐이었다.

하지만 이 책임자들의 교육을 힘들게 만드는 것은, 멍청한 몰리 때문이 아니었다. 농장 주인 존스의 심복 까마귀 모지즈였다. 순식간에 어디선가 날아와서, 동물주의에 대해 배우고 있는 동물들의 마음을 흔들어 놓곤 했다.

"깍깍, 내가 재미있는 이야기 해 줄까?"

헛간에 모인 동물들은 모지즈의 곁으로 슬금슬금 다가와 앉았다.

"주인의 명령을 잘 따른 동물은, 죽은 후에 설탕 산이라는 곳에 가게 되어 있어."

"와, 그런 곳이 있어? 너는 가 본 적이 있니?"

"그럼, 한두 번 정도 가 봤는데, 그 곳에서는 매일 매일이 일요일이기 때문에 일할 필요가 없어. 들에는 먹을 것이 넘치고, 신기한 덩굴에는 설탕과 과자가 주렁주렁 달려 있어서 언제라도 먹을 수가 있어."

모지즈의 허풍을 듣고 난 동물들은, 마치 그 곳에 있는 설탕을 맛본 듯이 입맛을 다셨다.

"그런 말은 믿지 마오! 그건 모지즈가 꾸며 낸 이야기요. 일하지 않고 먹을 수 있는 곳은 이 세상 어디에도 없소."

하지만 몇몇 동물들은 모지즈의 말을 믿고 싶어했다. 언젠가는 그런 곳으로 갈 수 있다는 희망이라도 가질 수 있도록 말이다.

돼지들의 교육을 충실히 받는 동물들을 꼽으라면, 단연코 복서와 클로버가 눈에 띄었다. 그들 역시 영리한 축에는 들지 않았지만, 한 번 마음먹은 일에는 뒤돌아보는 일이 없었다. 즉, 돼지들을 스승으로 받아들이기로 생각한 이상, 동물주의의 논리가 어떻든지 간에 그들을 믿고 따랐다.

복서는 자신이 믿는 바를, 다른 동물들에게 전하려고 애를 쓰기도 했다. 복서와 클로버는 교육을 열심히 받았을 뿐만 아니라, 비밀 회의에도 빠지지 않았다. 또, 회의가 끝나고 마지막으로 부르는 〈영국의 동물들〉

이란 노래도, 목청껏 소리 높여 열심히 부르곤 했다. 앞으로 일어날 일은 아무도 짐작할 수 없는 법이지만, 그들이 바라는 반란은 생각지도 않게 쉽게 이루어졌다.

농장 주인 존스는 동물들에게는 별로 인기가 없었지만, 사람들 사이에서는 능력 있는 사람으로 평가되었다. 그런데 언제부터인지 농장일을 소홀히 하면서, 시간이 날 때마다 술을 마시곤 했다.

들리는 말로는 무슨 일인지는 모르겠지만, 재판에 져서 큰 손해를 봤다는 것이다. 그 일로 충격이 컸던지 일할 생각은 하지 않고, 신문을 뒤적거리며 사업 구상을 하거나, 그것도 싫증이 나면 술을 벌컥벌컥 마셔댔다.

농장에서 일을 하고 품삯을 받는 일꾼들도, 요즘 들어 존스의 눈치만 살피면서 농장일을 게을리했다. 들판에는 잡초를 뽑지 않아 곡식이 제대로 자라지 않았고, 벌써 손을 봤어야 할 농장 지붕과 울타리는 거의 망가져 있는 채였다.

농장이 이 지경이니 동물들 역시, 먹이를 제때 먹어 본 적이 드물었다. 동물들은 비가 새는 축축한 축사에서 배고픔에 시달려야 했다.

어느덧 건초를 베어야 하는 6월이 되었다. 성 요한 축제일(6월 24일)을 맞이하여, 사람들은 시내에 모여 즐기고 있었다. 존스 역시 윌링던으로 볼일을 보러 나갔다가 돌아오는 길에, 한 술집에 들러 축제를 즐기고 있었다.

"여보게, 한 잔 하게."

"그만……. 아, 너무 많이 마신 것 같아."

마을 사람들이 권하는 대로 사양하지 않고 받아 마시던 존스는, 이제 집으로 돌아가야겠다고 생각하고 몸을 일으켰다. 하지만 비틀거리며 몇 발자국 가지 못하고, 그만 그 자리에 고꾸라지고 말았다. 결국 그날 밤은 농장으로 돌아갈 수 없었다.

일요일 아침이 되자, 일꾼들은 주인이 어제 집에 돌아오지 않았다는 사실을 알았다.

"주인 어른이 어제 술을 많이 마신 모양이야. 아직까지 소식이 없는 걸 보면 말이야."

"그러게. 주인도 없는데 오늘 토끼 사냥이나 갈까?"

"좋지. 그래도 일한 흔적은 남겨야 하니, 젖소의 젖은 짜 두고 가세."

속닥거리며 의견의 일치를 본 그들은, 서둘러 암소가 있는 외양간으로 발길을 옮겼다. 우유를 통에 담는 일을 마친 후, 그들만의 시간을 보내기 위해 농장을 떠났다.

일꾼들이 떠난 후, 동물들은 아침부터 얻어먹은 것이 없어 몹시 배가 고팠다. 일꾼들은 사냥에 정신이 팔려 농장 동물들의 먹이를 주는 것을 깜빡 잊어버렸다.

오후가 되어 집으로 돌아온 존스는 어제 닥치는 대로 마신 술 때문에, 속이 쓰려 소파에 쓰러지듯 몸을 내던졌다.

"아, 피곤해. 잠깐 눈 좀 붙이고 농장에 나가 봐야지."

그렇게 저녁이 다 되어 가고 있었다. 그들의 가장 기본적인 권리라고 할 수 있는, 먹이를 먹지 못하는 데 대한 동물들의 분노는 매우 컸다.

"어떻게 된 거야? 오늘 하루 종일 우린 아무것도 먹지 못했어."

"존스와 일꾼들은 대체 뭘 하고 있는 거야?"

존스가 거처하는 안채로 들어가 정찰을 하고 돌아온, 한 동물이 사실을 보고했다.

"주인은 소파에 다리를 쭉 뻗고, 신문을 얼굴에 덮은 채로 늘어지게 자고 있어."

"뭐라고? 잠을 자면서 우리를 이렇게 굶기다니……. 이번 일은 도저히 참을 수 없어."

흥분한 동물들은 누가 먼저랄 것도 없이, 먹을 것이 잔뜩 쌓여 있는 창고로 돌진했다.

"여러분, 저리로 물러나세요."

암소 한 마리가 동물들의 앞으로 나가 단단한 뿔로 창고 문을 한 번에 부서뜨렸다.

"쿵!"

창고 문이 넘어짐과 동시에 동물들은 넘어진 문을 밟고, 창고 안으로 들어가 닥치는 대로 먹어 댔다. 이 때 그들은 머릿속으로 대단한 생각을 한 것이 아니었다. 오직 당장 배고픔을 참을 수 없어 주인의 농장을 도둑질한 것이다. 곯아떨어졌던 존스는 창고 문이 넘어가는 큰 소리에 놀라 퍼득 잠이 깼다.

"엉, 이게 무슨 소리야?"

사냥을 끝내고 농장으로 돌아온 일꾼들도, 이 소리를 들었다. 안채에서 뛰쳐나온 존스는 일꾼들과 함께 소리가 난 곳으로 가 보았다.

"세상에……."

인간들의 눈앞에 펼쳐진 광경은 이제까지 볼 수 없었던 것이었다. 하찮은 동물 주제에 농장 주인의 창고를 부수고 제멋대로 먹이를 먹어 대다니, 도저히 참을 수 없는 일이었다. 이건 인간의 권위에 대한 동물들의 도전장이었다.

"이 미련한 놈들! 감히 내 창고를 도둑질하다니."

화가 머리끝까지 오른 존스는 일꾼들에게 명령했다.

"채찍질로 저놈들을 혼내 주어라!"

존스와 그 일당은, 사료를 먹느라 정신이 팔린 동물들을 향해 매서운 채찍질을 해댔다. 그러나 이것은 배고픈 동물들에게 기름을 들이붓는

격이 되고 말았다.

"아얏!"

무서운 채찍 맛을 본 동물들은 일제히 존스 일당을 향해 돌진했다. 메이저가 말하는 인간을 내쫓고, 동물 세상을 만들려는 반란을 꿈꾼 것은 아니었다. 그들은 단지 동물들의 기본적인 권리마저 지켜 주지 않는, 주인의 옳지 못한 행동에 대한 불만을 터뜨린 것뿐이었다.

온순하기만 했던 동물들이 존스 일당에게 덤벼들자, 그들은 너무 놀라 사방으로 흩어지며 제 살길을 찾았다. 말발굽에 채이고 뿔로 엉덩이를 들이받히자, 더 이상 채찍을 휘두를 수가 없었다.

인간들이 뒤로 내빼는 모양을 본 동물들은, 기세좋게 그 뒤를 쫓았다. 그 동안 동물들은 존스 일당이 휘두르는 채찍질에 맞서, 대항해 본 적이 한 번도 없었다. 걸음아 나 살려라 하며 내빼던 존스와 그 일당은 마침내 농장 문을 벗어나 큰길까지 도망치고 말았다.

존스 일당 외에 농장 안에 남아 있던 또 한 사람은 다름 아닌 존스 부인이었다. 그녀 역시 멀리서 입이 딱 벌어질 정도로 놀라운 광경을 목격했다.

"어머, 농장 안에 있는 동물들이 제정신이 아닌 것 같아. 저렇게 사납지 않았는데. 무슨 전염병에라도 걸린 게 틀림없어."

몇 마디 중얼거리던 존스 부인은 안 되겠다 싶었는지, 서둘러 짐을 챙겼다. 그리고는 살며시 농장 뒷문을 이용하여 도망쳤다. 인간들을 모두 농장 밖으로 쫓아 버린 동물들은, 다시는 이 곳에 사람들을 출입시키지 않겠다는 듯 다섯 개의 문 모두를 잠궜다.

그제야 동물들은 그들이 지금 무슨 일을 이루어 냈는지를 실감할 수 있었다. 어떤 동물들은 아직까지 이 상황을 제대로 받아들이지 못했다.

메이저가 말한 대로 그들은 반란을 일으켰고, 인간들을 이 곳에서 내

쫓았다. 이제 동물의 시대가 온 것이다.

"복서, 우리가 지금 무슨 짓을 한 거지?"

"글쎄, 난 그냥 맛있게 사료를 먹고 있는 우리를 매질하는 저들에게 갑자기 분노가 솟구쳐 올라 발길질을 해댔을 뿐인데."

그 때 옆에서 아직 흥분이 가라앉지 않은 스노볼이 소리쳤다.

"우린 반란을 일으켰고, 성공했소! 이 농장의 주인은 바로 우리들이 된 거요."

"설마……."

동물들 대부분이 믿어지지 않는다는 표정이었다. 나폴레옹이 동물들을 이끌고 농장 안을 돌아보기 시작했다. 처음엔 농장 안에 혹시라도 사람이 남아 있지나 않을까 하는 심정에서였다. 눈을 씻고 찾아봐도 인간의 그림자라곤 보이지 않자, 그들은 이웃 농장에 있는 동물들에게 자신들의 위대함을 자랑이라도 하려는 듯이 열을 지어 농장 주변을 돌아다녔다.

그 다음으로 그들이 한 일은, 농기구를 보관하고 있는 창고를 찾아가 그 속에 있던 것을 일일이 밖으로 내던지는 것이었다. 재갈·사슬·칼·망치 등을 우물 속에 집어던지고, 채찍·고삐·굴레·눈가리개 등은 불에 태우면서 한참 동안 지켜보고 서 있었다. 어디에서 찾았는지 스노볼은 리본 한 다발을 가지고 와 불 속에 휙 던져 넣었다.

"인간들이 옷을 입을 때 장식하는 리본은 우리에게 필요 없는 물건이다. 축제 때 갈기와 꼬리에 리본을 묶어서, 인간들에게 우리를 선보인 것은 얼마나 우스꽝스러운 일이었는가!"

우직한 말 복서는 스노볼이 외치는 소리를 듣고, 서둘러 그동안 요긴하게 써 왔던 밀짚모자 한 개를 미련 없이 불 속에 던져 넣었다.

'한 여름에 파리들이 귀에 들어가지 않도록 써 왔던 것인데, 모자도

인간들 옷의 한 부분이니 버려야지.'

다른 동물들도 존스에게 당했던 일을 기억해 내며, 한 가지라도 그의 물건을 불 속에 던져 넣으며 후련해했다. 동물들의 앞장을 섰던 나폴레옹은 반란을 성공적으로 끝낸 기념으로, 평소 배급받던 옥수수를 두 배나 나누어 주었다. 개들에게는 비스킷을 몇 개씩 주었다.

배도 부르고 승리의 감격에 도취된 동물들은, 〈영국의 동물들〉이란 노래를 목청껏 불러 댔다. 이제는 큰 소리로 노래를 부른다고 해도, 누가 간섭할 사람이 아무도 없었다. 벌써 연달아 대여섯 번을 부른 후였다. 잠이 올 것 같지 않은 그들은 밖이 캄캄해진 후에야, 행복한 얼굴로 각자의 잠자리를 찾아 흩어졌다.

이른 아침 햇살이 농장 안을 환히 비추자, 동물들은 눈을 번쩍 떴다. 마치 어제 일이 꿈일 수도 있다는 생각과 함께, 조심스레 옆 동물에게 물었다.

"이봐, 어제 농장 안에서 굉장한 일이 일어난 적이 있니?"

"물론이야. 난 간밤에 흥분이 돼서 얼마 자지 못했어."

동물들은 이제까지와는 다른 새로운 아침을 맞이한 것이다. 그들은 자유를 만끽하기 위해 목장을 열심히 달렸다. 숨을 헐떡이며 그들이 도착한 곳은 작은 언덕이었다. 농장 안이 훤히 내려다보이는 그 곳에 머물자, 그들은 가슴이 벅차오르는 것을 느꼈다.

"이제 이 농장의 새로운 주인은 우리들이다!"

누군가가 이렇게 외치자 동물들은 그 말을 신호로, 공중으로 펄쩍 뛰어올랐다. 그리고는 데굴데굴 구르기도 하면서, 땅의 냄새를 실컷 맡았다. 동물들은 각자 농장 안의 여기저기를 돌아다녔다. 과수원, 각종 곡물을 키우는 경작지, 풀밭, 연못 등을 다니며 만족스러워했다.

그들이 다시 모인 곳은 존스가 거처하고 있던 안채였다. 그 동안 그들은 나름대로 집 안의 모습을 상상하곤 했었다. 늘 궁금하게 여겼던 그 집마저, 이제 동물들의 차지가 되었던 것이다.

동물들은 안으로 들어가 보고 싶었지만, 선뜻 발걸음이 옮겨지지 않았다. 마치 집 안에 존스가 기다리고 있다가, 그들에게 총을 들이대기라도 할 것처럼 두려웠다.

스노볼과 나폴레옹이 이러한 동물들의 마음을 눈치채기라도 한 것처럼, 앞장서서 안채의 문을 밀치고 들어갔다. 그 뒤를 다른 동물들도 서로 눈짓을 하며, 집 안으로 들어섰다.

"와, 정말 굉장하다!"

"인간들이 사는 곳은 우리와는 확실히 다르군. 어둡고 칙칙한 우리들 집과는 비교도 할 수 없을 만큼 크고 멋있어."

삼삼오오 짝을 지어 방 안을 둘러보던 동물들은, 작은 소리로 속삭였다. 푹신한 침대, 전신 거울, 짐승들의 털로 만든 소파와 번지르르한 융단 외에도 여왕의 얼굴을 그린 그림 등이 거실을 장식하고 있었다. 집 안의 물건에는 손도 대지 않은 채 조심스럽게 구경을 마친 그들이, 막 집을 나서려는 순간이었다.

"몰리가 보이지 않는걸."

"조금 전까지 내 옆에 있었는데."

동물들은 흩어져 몰리가 있을 만한 곳을 찾아보았다. 그녀를 발견한 곳은 다름 아닌 침실이었다. 몰리는 존스 부인의 옷장에서 리본 한 개를 꺼내어 자신의 갈기에 걸친 채, 거울에 이리저리 비춰 보고 있는 중이었다. 몰리는 자신의 매끈한 몸매에 어울리는 아름다운 리본에 넋을 잃고 있었다.

"몰리! 지금 뭐 하는 거요? 인간들의 옷은 손대지 말랬잖소!"

스노볼이 외치는 소리에 화들짝 놀란 몰리는, 리본을 얼른 침대 위에 내려놓았다. 집 밖으로 나온 동물들은, 누군가 부엌에서 찾아 낸 돼지고기 햄을 엄숙한 마음으로 땅에 묻었다. 그리고는 주방의 한쪽 구석에 있던 술통을 발굽으로 차서 깨뜨려 버렸다.

"존스가 거처하던 저 건물은 어떻게 할 거죠?"

"허물어 버립시다."

"아니, 그렇게까지 할 필요는 없소. 동물들은 그 곳에 들어가지 않는다는 약속을 하고, 기념관으로 놔 두도록 합시다."

인간들이 거처한 곳을 기념관으로 보존하자는 스노볼의 의견은 동물들의 찬성을 얻어 실시되었다. 아침에 분주하게 돌아다니느라 허기진 그들은 서둘러 아침 식사를 했다. 식사가 끝난 후, 동물들은 다시 한자리에 모였다.

"이제부터 들뜬 마음을 가라앉히고, 우리가 맡은 일을 해야 합니다. 아직 수확하지 않은 건초를 거두어들이는 일부터 시작하기로 합시다. 아 참……."

스노볼은 일을 시작하려다가 잊고 있던 일이 생각났다.

"일을 하기 전에 해야 할 일이 있소."

나폴레옹과 스노볼은 동물들을 데리고 농장 입구로 향했다. 지시에 따라 흰색과 검은색 페인트가 당도했다. 돼지들은 그 동안 글자를 익히고 쓰는 일에 전념한 결과, 웬만큼 읽고 쓸 줄 알게 되었다. 글씨를 쓰는 일에 자신이 있는 스노볼이 페인트를 찍어, 나무판자에 몇 글자를 적었다. 〈장원 농장〉이라고 쓰여진 간판은, 〈동물 농장〉의 간판과 대체되었다.

"와, 동물 농장 만세!"

"이 곳은 앞으로 존스의 농장이 아니라 우리들의 농장이다!"

동물들은 농장 입구에 걸린 새로운 간판을 올려다보고, 기쁨을 감추지 못하고 몸을 흔들어 댔다. 내친김에, 동물들에게 한 가지 더 발표하기로 마음먹은 나폴레옹과 스노볼은, 앞장서서 헛간을 향했다.

"이제부터 내가 하는 말을 잘 듣도록 하시오. 우리들이 여러분을 위해 지난 몇 달 동안, 동물주의를 바탕으로 하여 7가지 규칙을 만들었소. 오늘에야 비로소 그 내용을 여러분에게 공개할 수 있게 되었소. 이 농장이 앞으로 잘 운영되려면, 모든 동물들이 이 규칙에 잘 따라 주어야 할 것이오. 여러분들이 잘 볼 수 있도록, 헛간 벽에 써 놓을 테니 항상 명심하시오."

나폴레옹의 당부의 말이 끝나자, 스노볼이 붓을 발가락 사이에 끼고 조심스레 사다리를 올라갔다. 뒤뚱거리며 사다리 끝까지 올라간 스노볼은, 이른바 7계명을 정성스럽게 한 글자 한 글자 써 놓았다. 타르를 칠한 헛간 벽에 써 놓은 글자는, 멀리서도 선명하게 잘 보였다.

"자, 다 썼으니, 내가 내려갈 수 있도록 사다리를 꽉 붙잡아!"

우리들의 약속 (7계명)
1. 두 발 동물은 우리들의 적이다.
2. 네 발 동물과 날개 가진 동물은 우리들의 친구다.
3. 동물들은 옷을 입어서는 안 된다.
4. 동물들은 침대 생활을 해서는 안 된다.
5. 동물들은 음주를 해서는 안 된다.
6. 동물들은 다른 동물들을 죽여서는 안 된다.
7. 모든 동물은 똑같이 평등하다.

글자가 비뚤비뚤한 것만 빼고는 거의 완벽하게 쓴 글씨였다. 스노볼은 글을 모르는 많은 동물들을 위해 또박또박 읽어 주었다.

다 듣고 난 동물들은 만족한 듯 만세를 불렀고, 영리한 동물들은 벌써 몇 가지를 외울 수 있었다.

"이제 우리들의 일터로 갑시다! 건초밭에서 이전보다 더 많은 식량을 거두어들입시다!"

스노볼은 동물들을 격려하며 일터로 이끌었다. 별안간 암소들이 고통스러운 듯이 울부짖었다.

"아니, 암소들이 왜 저러지?"

"조금 전부터 젖이 불어 괴로워했어. 얼른 젖을 짜 주어야 할 텐데."

반란이 있고 하루가 지나자 암소들은 젖이 부풀어 올라, 더 이상 참을 수가 없었던 것이다.

"진작 말하지 그랬소? 이봐, 얼른 양동이를 가져오시오!"

곁에 있던 동물이 잽싸게 양동이를 가져오자, 스노볼은 돼지들에게 암소의 젖을 짜 주라고 했다. 돼지의 발굽은 암소의 고통을 덜어 주기에 충분했다.

잠시 후, 암소들에게서 금방 짜낸 우유는 다섯 양동이나 되었다.

"이 고소한 우유들은 어떻게 할거야?"

"예전엔 농장 주인이 싱싱한 알을 낳으라고 우리들의 먹이에 우유를 섞어 주곤 했어."

어느 동물이 우유의 처리 문제를 묻자, 빙 둘러 서 있던 암탉들이 대꾸했다. 암탉들의 요구대로 결정되려는 순간이었다.

"여러분, 우유는 따로 쓰일 데가 있으니 우선 그냥 두고, 어서 건초밭으로 가도록 하시오. 벌써 해가 중천에 솟았소. 어서 가시오!"

동물들이 그 자리를 떠나자 스노볼은 우유를 처리하고, 마지막으로 건초밭을 향해 뒤뚱거리며 달렸다.

동물 공화국을 꿈꾸며

건초를 거두어들이는 일은 생각보다 쉽지 않았다. 사람들이 하는 일을 처음부터 동물들이 잘할 수는 없었다. 기구를 사용하여 농장일을 하던 것을, 동물들이 대신한다는 것에는 많은 어려움이 따랐다. 어쩌면 좋을지 몰라 망설이고 있으면, 돼지들이 머리를 굴려 방법을 찾아 주곤 했다.

결국 돼지들은 직접 일을 하지 않고 동물들을 지휘하거나, 일을 효율적으로 할 수 있도록 머리 쓰는 일을 도맡아 했다. 복서와 클로버는 동물들의 충실한 일꾼이었다. 그 동안 인간들이 하는 일에 제법 능숙한 그들은, 풀 베는 기계와 써레(갈아 놓은 논바닥을 고르거나 흙덩이를 잘게 부수는 농기구)를 끌고 이리저리 돌아다녔다.

"이랴, 이랴!"

말들의 뒤를 따라다니며 기운을 북돋워 주는 일도, 돼지들이 도맡았다. 다른 동물들도 자신에게 맞는 일을 찾아 부지런히 일을 했다. 오리나 암탉들도 쉬지 않고 부리를 사용하여, 베어 놓은 풀들을 한 곳으로 모으는 일을 했다. 한낮이라 햇볕이 뜨거웠지만, 누구 하나 불평하는 동물이 없었다.

"어휴, 더워! 우리도 이렇게 목이 마르고 힘이 드는데, 복서와 클로버는 얼마나 힘이 들까? 저렇게 무거운 기구를 끌면서 한 번도 쉬지를 않으니 원……."

작은 동물들은 오히려 큰 동물들의 수고스러움에 감사하면서, 한눈팔지 않고 일을 했다. 게으름을 피우지 않고 일한 덕분에, 존스 일당이 농장에 있을 때보다 며칠 앞당겨 건초를 수확하는 일을 끝냈다. 게다가 건초를 거두어들인 양도 이전보다 풍성했다.

농장 주인이 바뀐 뒤로 그들이 이루어 낸 첫 번째 농작물이라 감회가 새로웠다.

여름 동안 농장 일은 별 탈 없이 잘 이루어졌다. 동물들은 요즘 들어 가슴이 그렇게 뿌듯할 수가 없었다.

"아, 난 요즘 들어 말로는 설명할 수 없을 정도로 묘한 기분이 들어."

"그건, 나도 마찬가지야. 그 동안 우리들은 인간들이 만들어 준 먹이를, 정해진 양만큼 먹으면 됐는데 이젠 그렇지가 않잖아?"

"맞아, 우리가 먹을 음식을 우리 손으로 직접 재배하고 있으니, 얼마나 신나는 일이야. 이 기분은 정말 해 보지 않은 동물들은 절대 느낄 수 없을 거야."

하루 일을 마친 후에는 지쳐 곯아떨어질 정도였지만, 요즘 들어 동물들이 맛보는 자유와 새로운 일은 이들을 감동시키기에 충분했다.

그 동안 인간들은 동물들이 일구어 낸 많은 것들을, 그들로부터 모두 빼앗아 갔었다. 하지만 이제 인간들도 없으니, 그들이 생산해 낸 식량들은 동물들의 차지가 된 것이다. 인간에게 주지 않아도 되니 먹을 양식이 넉넉했다.

또, 일을 하고 난 후에 휴식 시간도 그리 짧은 것이 아니었다. 동물들은 아직 남는 시간을 어떻게 보내야 할지 몰랐다. 곡식을 거두어들일 때가 되자, 동물들은 한 가지 문제에 부닥쳤다.

"우리 농장에는 탈곡기(벼, 보리의 이삭에서 낟알을 털어 내는 데 쓰는 농기구)가 없는데, 어쩌지?"

"음, 기계를 당장 구할 수는 없는 문제고……. 할 수 없지. 조금 힘은 들지만 기계가 생기기 전의 방법을 쓸 수밖에 없지."

동물들은 힘은 들지만 곡식을 일일이 발로 밟아 껍질을 깐 후, 입으로 후후 불어 댔다. 농장 안의 동물들 대부분은 돼지들의 영리한 머리와, 복서의 지칠 줄 모르는 노동에 의존해야 했다.

"복서야말로 이 농장에서 없어서는 안 될 동물이야."

"맞아, 나도 그렇게 생각해. 존스가 있을 때도 열심히 일을 했지만, 반란 이후로는 도무지 쉬는 걸 본 적이 없어."

"어유, 저러다가 병 나겠어."

항상 힘든 일을 도맡아하는 복서에게 감사의 마음을 가졌고, 동물들의 훌륭한 본보기로 삼았다. 자신의 일에 만족할 줄 모르는 우직한 복서는, 어느 날 수탉을 찾아가 부탁을 했다.

"내일부터 나를 30분만 더 일찍 깨워 줄 수 있겠니?"

"너는 지금도 너무 많은 일을 하고 있어. 지금보다 더 일찍 일어나 일을 하겠다는 것은 무리야."

수탉은 복서의 부탁을 단번에 거절했다.

"물론 좀더 일찍 일어나 일을 더 하려는 욕심도 있어. 하지만 내가 조금 더 일찍 일어나 하려는 일은 정규적인 노동 외에, 나를 필요로 하는 농장일을 거들려는 생각에서야."

할 수 없이 수탉은 복서를 전보다 30분 더 일찍 깨울 수밖에 없었다.

복서는 일을 하다가 어떤 문제에 부딪히는 일이 생기면, 이렇게 마음속으로 되뇌이곤 했다.

"내가 더 일한다!"

이 외침은 앞으로 그의 철칙이 되었다. 복서를 제외한 모든 동물들은, 각자의 능력에 알맞은 일을 성실히 해나갔다. 동물들은 곡식에 손을 대는 일이 없었다. 먹이에 대한 배급에도 불평하지 않았으며, 농장 안에서 싸움 소리가 들리지 않았다.

아마도 마음이 행복하고 뿌듯하니까, 서로를 헐뜯고 놀리는 일이 없어진 듯했다. 존스가 있을 때만 해도, 하루에 몇 번 꼴로 시끄러운 싸움이 일어나곤 했었다.

하지만 반란이 일어난 후에도 변하지 않은 몇 동물이 있었다. 우선 몰리는 인간들이 없어진 다음 날부터 늦잠꾸러기가 되었다.

"아함, 졸려. 주인도 없는데 좀 더 자면 어때? 누가 뭐라고 할 사람도 없는데."

느지막이 일어난 몰리는 일터에 가서도, 발굽에 뭐가 끼었다는 둥 핑곗거리를 찾아 일을 하지 않는 날이 많았다. 고양이 역시 게으르기는 마찬가지였다. 노동 시간에는 어디로 갔는지 모습을 드러내지 않다가, 식사 시간이 되거나 일을 끝낼 즈음에 살며시 나타나곤 했다.

"오전 내내 보이지 않더니 어디에서 놀다가 이제 나타나니?"

"어머, 놀다니요? 고놈의 생쥐들이 우리가 쌓아 놓은 곡식들을 훔쳐 내기에, 단단히 혼을 내주고 오는 길인데요."

동물들은 아무도 그 말을 곧이듣지 않았다. 그러나 고양이의 애교와 다정함에 그만 용서를 해 주곤 했다.

몰리와 고양이 외에 반란이 일어나기 전과 똑같은 생활을 하는 동물은 당나귀 벤자민이었다. 급할 게 없다는 투로 천천히 걷고 느긋하게 일하는 모습은 예전과 별로 달라 보이지 않았다. 그렇다고 전보다 게으름을 피우거나 하는 일은 없었다. 자기가 맡은 일만 눈에 띄지 않게 해 나갔다.

한 동물이 반란에 대한 그의 생각을 듣고 싶어 질문을 던졌다.

"벤자민, 지금 생활이 존스가 있을 때보다 훨씬 좋지 않아요?"

"당나귀는 오래도록 살 수 있어. 아마 당나귀가 죽은 것을 본 동물들은 없을걸."

물어본 동물이 오히려 멍청하게 생각될 정도로, 벤자민은 엉뚱한 대답만 하곤 했다. 그래서 동물들은 그에게 별로 말을 거는 일이 없었다.

일요일이 되었다. 이 날은 인간들처럼 쉬는 날로 정했다.

"와, 일요일이다! 오늘은 다른 날보다 한 시간 정도 더 잠을 자도 되는 거지?"

평일에 열심히 일한 대가로 가질 수 있는 낮잠은 꿀맛이었다. 아침 식사를 마친 동물들은, 깃발 게양식을 가지기 위해 마당으로 모였다. 깃발은 안채 주방에 있던 녹색 식탁보를 가져다가 네모 모양으로 자른 뒤, 발굽과 뿔 모양을 조심스레 그려 넣었다.

깃발의 색깔을 초록색으로 택한 것은 영국의 들판을 상징하는 것이고, 발굽 모양과 뿔은 동물들이 이 세상을 지배하게 되었을 때를 상징하는 의미라고 했다.

경건한 마음으로 깃발 게양식을 끝낸 동물들이, 다음으로 해야 할 일은 총회에 참석하는 일이었다.

"모두 헛간으로 모이시오!"

이 곳에 모여서 그들은 지난 주 작업에서 잘못된 일에 대해 서로 이야기를 나누었으며, 좀더 나은 다음 주를 위해 계획을 세웠다. 새로운 의견을 제출하는 일은 거의 돼지들의 차지였다. 다른 동물들은 돼지들이 전하는 말을 전해 듣거나, 새 계획안에 투표하는 정도였다.

회의 장소에서 스노볼과 나폴레옹은, 돼지들 가운데에서도 단연 돋보였다. 동물들의 지도자 격이 되어 버린 두 돼지는, 거의 의견의 일치를 본 적이 없었다. 스노볼이 새로운 작업을 시도하려고 하면, 반드시 나폴레옹이 벌떡 일어나 반대의 말을 하곤 했다.

"그건 안 되는 일이오. 괜히 동물들에게 노동 시간만 더 늘어나게 할 뿐이오. 난 반대요!"

사사건건 두 돼지는 서로의 의견에 트집을 잡는 일이 많았다. 한 번은 이런 일도 있었다. 스노볼은 늘 새로운 계획을 세우는 것을 좋아했기 때문에, 과수원 뒤에 있는 작은 목장을 늙은 동물들을 위한 휴양지로 만들자는 의견을 내놓았다.

"와, 좋아요! 늙더라도 이 농장에서 쫓겨나지 않고, 새로운 휴식처를 가질 수 있다니 모든 동물들이 꿈꾸던 일이야."

모든 동물들은 박수를 치며 좋아라 했기 때문에, 나폴레옹은 반대할 수가 없었다.

'흠, 스노볼 네가 이 일을 계기로 동물들의 신임을 얻으려는 게지. 그렇다면 두고 볼 수 없지.'

나폴레옹은 휴양소 계획이 쉽지 않다는 것을 조심스럽게 이야기한 후 문제점을 내놓았다.

"그렇다면 휴양처로 갈 수 있는 나이는 어떻게 정할 거요? 나이 제한이 있어야 할 텐데, 동물들의 불평이 없도록 할 수 있겠소? 게다가 당장 우리들에게 그 일보다 더 중요하고 시급한 일들이 많이 쌓여 있는데 말이오."

"우리에게 당장 급한 일들은 어떤 것이죠?"

"동물들을 교육시키는 일 외에도, 조만간 농장으로 쳐들어올 존스 일당에 대항하는 문제가 우리들 앞에 놓여 있소."

헛간에 모인 동물들은 그 동안 잊고 있었던 일이 생각난 듯, 순간 아찔한 기분이 들었다. 존스 일당이 다시 쳐들어올지도 모른다는 나폴레옹의 말에 휴양지 계획안은 다시 거론되지 않았다.

그들의 모임은 늘 하던 대로 〈영국의 동물들〉이란 노래로 끝을 맺고, 오후에는 각자의 시간을 즐겼다. 우두머리 격인 돼지들은 밤 시간을 이용하여, 존스의 서재에서 가져온 책들을 자료삼아 생활에 필요한 것들을 만드는 연구를 했다. 스노볼은 동물들의 특성에 맞게, 동물 위원회라는 것을 만들었다. 예를 들면,

암탉——달걀 생산 위원회

암소——신선한 우유 위원회

들쥐, 산토끼——야생 동물 교육 위원회

양——좋은 털 생산 위원회

이 외에도 읽고 쓰기 위원회 등이 있었다. 그러나 예상했던 것보다 많은 실패가 있었다. 야생 동물 교육 위원회 같은 경우, 야생 동물들은 자신들의 습성을 버리는 것에 대해 완강히 저항했다. 규율이 없이 생활하던 야생 동물들은 생활을 간섭받는 자체를 몹시 싫어했다. 이들 위원회 중에서 그래도 제법 성공을 거둔 것은 읽고 쓰기 위원회였다. 이 위원회 덕택으로 동물 농장에 사는 동물들은 글을 약간은 쓸 줄 알게 되었다.

읽고 쓰는 교육을 도맡은 돼지들은 물론 읽고 쓰는 일에 능숙했다.

영리한 개들 역시 읽는 데는 무리가 없었다. 하지만 7계명 이외에는 읽는 일에 별 관심을 두지 않았다.

개들보다 읽는 것에 능통한 동물은 염소 뮤리엘이었다. 읽는 일에 재미를 붙인 후부터는, 글자가 들어 있는 종잇조각은 무엇이든지 주워 들어 읽곤 했다.

당나귀 벤자민은 교육을 맡은 돼지들과 겨루어 읽기 실력이 뒤떨어지지 않았지만, 동물들 앞에 나서서 뽐내는 일이 좀체 없었다.

"당신은 읽는 데 능숙하면서 왜 책과 가까이 지내지 않나요?"

요즘 들어 읽는 일에 재미를 붙인 동물들이 궁금한 듯 물었다.

"왜 글을 읽지 않냐고? 글쎄, 별로 읽을 만한 게 없는 것 같구만."

벤자민은 그 특유의 엉뚱한 대답으로 마무리짓고는, 더 이상 대꾸하지 않았다. 클로버는 A부터 Z까지 알파벳을 다 외웠지만, 문장이 나오면 어떻게 읽어야 할지 몰랐다. 복서는 A에서 D까지 열심히 외웠다.

"D 다음이 뭐였더라?"

"복서, D 다음은 E잖아."

"맞아, A B C D 다음은……, 뭐랬더라?"

방금 전에 D 다음의 순서를 가르쳐 주었건만, 그새 그만 잊어버리고 만 것이었다. 어쩌다가 E F G H를 외기도 했는데, 그러면 A B C D가 생각나지 않았다. 복서는 A B C D만 외우기로 마음먹고, 다른 글자는 거들떠보지도 않았다.

몰리는 자신의 영어 철자만 외웠다. 그녀는 들판에 6글자를 나뭇가지로 써 놓고는, 만족한 듯 주위를 빙글빙글 돌아다녔다.

스노볼은 농장 안의 동물들 중에 아직도 글자를 읽는 데 어려움을 느끼는 동물이 의외로 많다는 사실을 나중에 알게 되었다. 양, 닭, 오리처럼 머리를 쓸 줄 모르는 동물들은, 일전에 발표한 7계명을 외우는 데에도 큰 어려움을 느꼈다.

'흠, 내가 동물들의 수준을 너무 몰랐구나. 동물의 부류에 따라 교육을 받아들이는 데 큰 차이가 있구나.'

그는 모든 동물들이 7계명을 제대로 실천하기 위해서는, 간단 명료한 말로 압축해야 한다는 걸 깨달았다.

'어떻게 표현해야 영원히 잊어버리지 않을까?'

결국 고심한 끝에 동물들 사이에 새로운 유행어를 탄생시켰다.

"네 발은 좋고, 두 발은 나쁘다."

이 문장만 철저히 외우면 우리의 적이 인간이라는 사실을 확실히 깨우칠 수 있다고 스노볼은 자신 있게 설명했다. 거의 모든 동물들이 동물주의를 압축시킨 이 말에 만족해 있을 때, 작은 소동이 일어났다.

"스노볼, 그럼 우리들은 뭐란 말이에요? 두 발로 돌아다니는 우리들은 동물들의 적이란 말이에요?"

이렇게 불평을 늘어놓는 동물은 새들과 닭과 오리들이었다. 자리에 함께 있던 동물들이 새들의 말이 일리가 있다고 부추겼다.

"그렇지 않소. 당신들은 날개가 있지 않소? 그것은 발과 마찬가지요. 날개는 인간들의 손처럼 무엇인가를 조작하는 기관이 아니잖소."

새들은 스노볼이 기관이니 조작이니 하는 어려운 말을 알아듣지는 못했다. 하지만 날개도 발과 마찬가지라는 그의 설득을 믿기로 했다. 헛간 벽 위에 써 넣은 7계명 이외에 '네 발은 좋고, 두 발은 나쁘다'란 문장이 추가되어 큼직한 글로 쓰여지게 되었다. 그 동안 7계명을 외우는 것에 두려움마저 느꼈던 양들은, 스노볼이 다시 만들어 준 이 문장이 마음에 쏙 들었다. 반복하는 것을 좋아하는 양들은, 리듬까지 타면서 노래를 불러 대곤 했다.

"네 발은 좋다, 두 발은 나쁘다, 네 발은 좋다, 두 발은 나쁘다."

스노볼이 다양한 위원회를 조직하는 것을, 곁에서 지켜본 나폴레옹은 별로 관심을 두지 않았다.

'저 위원회니 뭐니 하는 것들은 별로 효과가 없어. 내 생각엔 새로 태어날 동물의 새끼들을 위주로 하는 교육이 최고야.'

나폴레옹은 이 농장의 주인을 꿈꾸며, 자신이 계획했던 일을 소리 없이 진행시켰다. 우선 제시와 블루벨의 새끼들이 그 대상이었다. 제시와 브루벨은 농작물을 거두어 들인 후 곧 새끼를 낳았던 것이다.

'됐어. 저 강아지 새끼들을 훈련시키는 거야.'

음흉한 미소를 머금은 나폴레옹은, 강아지들이 젖을 뗄 무렵 제시를 찾아갔다.

"새끼들을 낳고 기르느라 수고가 많소. 털이 복슬복슬한 게 튼튼해 보이네. 사실은 내가 이렇게 찾아온 것은 의논할 일이 있어서요."

"무슨 말씀이신지?"

"앞으로 동물 농장이 잘 되려면, 어린 새끼 때부터 교육을 철저히 받아야 하오. 그렇지 않으면 언제라도 농장은 인간들 차지가 될 테니. 그래서 당신의 새끼들을, 앞으로 이 농장을 지키는 훌륭한 동물로 만들고 싶소. 당신에게는 당연히 자랑스런 일이 될 것이오."

"흠, 한낱 강아지에 불과한 제 새끼들을 그렇게 훌륭하게 키워 주신다니 믿고 맡기지요."

제시와 블루벨은 아직 어린 새끼들이 어미와 떨어져 살아야 한다니, 안쓰러운 마음이 들었지만 결단을 내렸다. 나폴레옹은 아홉 마리의 강아지 새끼들을 데리고, 마구간에 있는 다락방으로 올라갔다. 여기는 길고 큰 사다리가 없으면, 출입을 할 수 없는 외진 곳이었다.

강아지들은 처음엔 엄마를 그리며 낑낑대곤 했다. 하지만 곧 형제들과 더불어 다락방 생활에도 익숙해져 갔다. 동물 농장의 동물들 역시,

아홉 마리 강아지의 존재를 잊어 가고 있었다. 이 즈음 동물들은 새로운 사실 한 가지를 알게 되었다. 바로 지난번에 짜 둔 우유가 돼지들의 먹이에 섞여 들어가고 있었던 것이다.

"세상에, 잘 알아서 처리하겠다고 하더니, 결국 돼지들의 차지가 되고 있었군 그래."

"그러게 말이야. 우리들에게는 어떻게 사용했다는 보고도 없이, 저렇게 돼지들의 먹이로 써도 되는 건가?"

우유의 행방을 들은 동물들은 귓속말로 속닥이기 시작했다. 그러나 직접 나서서, 책임자 격인 나폴레옹과 스노볼에게 따지는 동물은 없었다. 그들은 자기들보다 영리한 동물인 돼지들이 먹이를 더 가져가도, 항의를 하지 않을 만큼 그들의 지배에 차츰 길들여지고 있었다.

계절이 바뀌면서 과수원의 사과도 먹음직스럽게 익어 갔다. 바람이 불기 시작하자, 사과들이 풀밭에 나뒹굴었다.

"와, 맛있겠다!"

"사과도 주렁주렁 열렸으니, 농장 동물들도 맛볼 수 있겠지?"

입 안에는 벌써 군침이 돌았다. 그러나 그것은 많은 동물들의 바람일 뿐이었다. 스노볼과 나폴레옹은 동물들에게 사과를 거두어들이게 한 후, 다른 동물들에게는 손도 대지 못하게 하고 창고에 보관시켰다. 결국 사과 역시 돼지들의 먹이에 쓰여질 거라는 사실을 알게 된 그들은, 우유 사건 때와는 달리 흥분하며 불평을 늘어놓기 시작했다.

"아니, 모든 동물들에게 사과를 맛보게 하는 게 당연하지 않아?"

"지난번 우유도 돼지들이 독차지하더니 이번에도 마찬가지잖아!"

"공평하게 나누어 갖기 위해 열심히 일했는데, 이건 우리의 규칙에 맞지 않아."

동물들의 웅성거리는 틈으로, 돼지들의 대변인인 스퀼러가 나섰다.

"여러분들은 우유와 사과를 우리 돼지들이 독차지한다고 알고 있지만, 사실 그것은 우리도 바라는 바가 아니오. 나도 사과를 별로 좋아하지 않는 돼지들 중에 하나요. 하지만 이런 것들을 억지로 먹는 것은, 지친 몸을 위해서요. 돼지들은 여러분들의 좀더 나은 생활을 위해서, 밤낮을 가리지 않고 머리를 쓰고 있소. 이 농장의 밝은 미래가 돼지들의 머리에 달려 있는 것이오. 우리가 연구를 하지 않는다면, 존스가 다시 돌아오는 날엔 이 농장을 뺏기고 말 것이오."

동물 농장 안의 모든 동물들은 존스가 돌아오는 것보다는, 사과와 우유를 양보하는 편이 좋겠다고 생각했다.

존스와의 한판승

동물 농장의 반란 소식은 주변 마을로 퍼져 나갔다. 게다가 스노볼과 나폴레옹이 많은 비둘기를 인근 농장에 날려 보내, 동물 농장의 소식과 〈영국의 동물들〉이란 노래를 동물들에게 들려줄 것을 명령했다.

쫓겨난 농장 주인 존스는 술집에 앉아서, 농장의 반란 소식을 궁금해 하는 사람들이 이야기를 물어 오면 이렇게 말해 주곤 했다.

"기가 막힐 노릇이오. 그 때는 내가 넋을 놓고 있다가 이 지경이 됐지만. 두고 보라지, 반드시 앙갚음을 해 주고 말 테니까!"

존스 주변의 인간들은 그를 측은하게 생각했지만, 그를 도와줄 생각은 하지 않았다. 동물들에게 인간이 내쫓긴 것은 큰 일이 아니라, 어쩌다가 생긴 일이라고 생각하며 크게 염려하지 않았다. 오히려 이 기회를 이용하여, 자신들에게 이로운 일은 없을까 하고 궁리하곤 했다.

'흠, 얼마나 우습게 보였으면 그 멍청한 동물들에게 쫓겨나 저 꼴을 하고 있담? 우리 농장에 피해가 오지 않도록, 동물들이나 잘 단속해

야겠다.'

동물 농장의 왼편과 오른편에는 각각 폭스우드 농장과 핀치필드라는 농장이 자리잡고 있었다. 왼쪽에 있는 폭스우드 농장은 목장이 굉장히 넓기는 하지만 관리가 허술했다. 숲에는 잡초투성이였으며, 지붕에 구멍이 새거나 울타리가 망가져도 수리할 생각을 하지 않았다. 농장 주인인 필킹턴 씨는 게을러서 농장일을 잘 돌보지 않았다.

그와는 대조적으로 핀치필드라는 농장은 규모는 작았지만, 주인 프레드릭의 성격대로 깔끔하고 잘 관리가 되었다. 프레드릭은 교활한 사람으로 무슨 일인지는 몰라도, 항상 재판에 관련되어 있었다. 하지만 자신이 유리한 쪽으로 재판을 이끌어 가곤 했다.

이 두 농장주는 마치 스노볼과 나폴레옹처럼, 거의 의견의 일치를 보는 적이 없었다. 그들은 장원 농장의 동물들이 일으킨 반란 소식을 듣고 처음엔 황당했다.

'감히 동물 주제에 사람은 내쫓다니. 하지만 그리 오래 가지 못할걸? 창고 안에 있는 식량으로 한 달 정도 버티는 게 고작일 텐데. 그 다음엔 먹을 것이 없어 저희들끼리 싸움질을 할 것이고, 결국엔 다시 인간이 그리울 거야.'

대수롭지 않은 일로 넘겨 버렸던 동물들의 반란 소식이 잠잠해질 날이 없자, 그들은 다시 불안해지기 시작했다.

'안 되겠다. 동물 농장에 대한 좋지 않은 소문을 만들어 퍼뜨려야지.'

동물 농장에 이웃한 두 농장주들은 이번만큼은 서로가 일치된 마음을 가지고 있었다. 그들은 만나는 사람마다 동물 농장을 헐뜯기 시작했다.

"아, 글쎄 동물 농장엔 먹을 것이 바닥나서, 배고픔을 참지 못한 동물들이 작은 동물들을 마구 잡아먹는다지 뭔가? 그리고 돼지들이 말을 듣지 않는 동물들에게 혹독한 벌을 내린다고 하는군."

하지만 이런 헛소문을 믿는 사람은 없었다. 오히려 사람들이 전하는 소식은, 동물 농장 안의 생활을 실제보다 훨씬 더 근사하고 행복하게 만들고 있었다.

"동물 농장은 그야말로 동물들이 꿈꾸던 지상 낙원이야. 인간들에게 간섭받을 필요도 없고, 먹을 것도 충분하고, 남는 시간에는 자유롭게 하고 싶은 일을 한다는군. 게다가 먹을 것은 공평하게 나누어 먹고, 모든 동물들의 의견을 존중해 준다고 하더군."

"아, 우리도 그런 곳에서 살아 봤으면……."

우직한 황소가 사납게 뛰어다니며, 뿔로 울타리를 들이받는 일이 생겼다. 또 어떤 농장에서는 양 떼들이 담을 뛰어넘어 달아나려는 시도가 있었는가 하면, 암소들은 다 짜 놓은 우유가 든 양동이를 일부러 엎지르는 일도 있었다.

"이랴, 이랴!"

사람을 태우고 달리던 말은 갑자기 몸을 흔들어서, 사람을 떨어뜨려 다치게 했다는 말도 사람들의 입을 통해 전해졌다. 이 일뿐만이 아니었다. 동물 농장에서 부르던 〈영국의 동물들〉이란 노래가, 어느새 주변 동물들의 유행가가 되어 버렸다.

"시끄러워! 그 노래를 흥얼거리다가 걸리는 놈은 굶을 줄 알아!"

하지만 하늘에서는 새들이, 땅에서는 동물들이 틈만 나면 그 노래를 흥얼거리곤 했다. 동물 중 하나가 노래를 부르다 매를 맞으면 그때뿐이었다. 나중에는 인간들도 자신도 모르게 〈영국의 동물들〉이란 노래를 중얼거리는 일까지 생겼다.

'이 노래 가사는 어쩐지 인간들의 미래가 담겨져 있는 것 같아.'

어떤 사람들은 무섭게 퍼져 가는 이 노래를 들을 때마다 두려운 생각이 온몸을 감싸곤 했다.

어느덧 10월로 접어들었다. 동물 농장은 잘 기른 곡식을 베어, 낟가리를 쌓느라 쉴 틈이 없었다. 한 무리의 비둘기 떼가 급히 하늘을 날아오르는 것이 보였다.

"비둘기들이 왜 저렇게 허둥댈까?"

"아무래도 무슨 일이 생긴 것 같은데."

하늘을 바라보며 이야기를 나누던 동물들의 말대로, 비둘기들은 무언가 전할 말이 있는 것 같았다.

"인간들이 이 곳으로 쳐들어오고 있어!"

"그렇군. 언젠가는 이런 날이 올 줄 알았어. 몇 명 정도야?"

"존스와 이 농장에서 일하던 일꾼 4명, 폭스우드 농장과 핀치필드 농장에서 나온 사람들이 6명 정도 돼 보여."

"그들이 들고 온 무기는 어떤 게 있어?"

"존스만 사냥할 때 쓰는 총을 들고 있고, 나머지는 모두 몽둥이만 들고 있어."

"흠, 그렇군. 염려할 것 없어. 그전에 훈련받은 대로만 하면, 우리가 승리할 게 틀림없어."

스노볼은 두려움에 떠는 동물들에게 용기를 북돋워 주었다. 그는 언젠가는 이런 날이 오리라는 것을 예견하고, 존스의 서재에서 찾아 낸 카이사르(로마의 명장)에 관한 책을 열심히 읽어 두었다.

"자, 각자 위치로! 명령을 내리면 쏜살같이 움직이도록!"

드디어 존스 일당이 위풍도 당당하게, 동물 농장의 입구를 지나 축사로 들어섰다.

"아니, 왜 이렇게 조용하지? 우리가 온 것을 눈치챈 모양이야. 이 녀석들! 나타나기만 해 봐라."

존스와 그 일당이 농장 안을 이리저리 둘러보았다.

"공격하라!"

스노볼의 공격 명령이 떨어지자 어디에서 나타났는지, 서른여섯 마리의 비둘기들이 갑자기 날아와 존스 일당의 머리 위에 똥을 누었다.

"앗! 이게 뭐야?"

그들은 하늘에서 떨어진 것이 비둘기 똥이라는 것을 알고, 진저리를 쳤다. 그리고는 똥을 피해 우왕좌왕하며 이리저리 뛰어다녔다.

"공격!"

다시 스노볼의 명령이 떨어지자, 울타리 뒤에서 숨죽이고 있던 거위들이 떼지어 나타나 존스 일당을 사정없이 물어뜯었다.

"아얏! 아야야야……."

그들은 고함을 지르며 쪼아 대는 거위를 피해, 농장 안을 이리저리 돌아다녔다. 존스는 난데없는 공격으로 잠시 정신을 잃었지만, 곧 인간 본래의 잔인함을 되찾았다.

"이놈들, 감히 주인의 다리를 물어뜯다니, 어디 맛 좀 봐라!"

존스는 가지고 있던 총으로 사정없이 거위들을 내리치기 시작했다.

"꽥꽥꽥……."

정신없이 쫓겨다니던 다른 일당들도 이내 정신을 차리고, 가지고 있던 몽둥이를 거위들에게 휘둘러 댔다. 결국 거위들은 사나운 몽둥이를 당해 내지 못하고, 금세 흩어졌다.

"적들을 향해 모두 공격하라!"

스노볼은 돌격 명령을 내린 후, 앞장서서 인간들을 공격했다. 그 뒤로 염소 뮤리엘과 당나귀 벤자민, 양 떼들이 용감하게 달려들었다.

"얏! 덤벼라!"

두려움 없이 인간들에게 정면으로 달려든 동물들은, 자신들이 가지고 있는 무기를 사용하여 용감하게 싸웠다. 인간들 역시 가지고 온 무기를 이용해, 동물들의 몸과 다리를 사정없이 내리쳤다. 하지만 인간들을 대항하기엔 동물들의 숫자가 너무 적었다.

'흠, 이 때쯤이 좋겠어.'

스노볼은 인간들에게 밀리는 동물들을 보고는 씨익 웃음을 지었다. 마치 일부러 져 준다는 듯한 묘한 얼굴 표정이었다.

"후퇴하라!"

이 소리를 신호로 동물들은 더 이상 존스 일당들에게 덤벼들지 않았다. 즉시 뒤돌아서서 어디론가 달아나기 시작했다.

"와! 동물들이 드디어 도망가기 시작한다!"

잠시 동안이었지만 존스 일당은 기쁨에 들떴다. 하지만 그것은 스노볼의 작전 가운데 하나였다.

"저 녀석들을 뒤쫓아라!"

인간들은 소리를 지르며 도망치는 동물들 뒤를 따랐다. 어느 새 존스 일당은 외양간 옆 안마당까지 달려왔다. 무언지 이상한 낌새를 눈치챈 존스는 주변을 둘러보았다. 하지만 그 때는 이미 물 건너 간 후였다.

"마지막 총공격!"

다시 스노볼의 공격 명령이 떨어지자 외양간에 대기하고 있던 말과 암소 세 마리, 그리고 돼지들이 사람들을 빙 둘러 에워쌌다.

"이런! 동물들한테 완전히 갇힌 꼴이 되었잖아!"

더 이상 뒤로 물러설 수도 앞으로 나갈 수도 없었다. 이를 악물고 동물들에 맞서 싸울 수밖에 없었다.

명령을 내린 스노볼은 먼저 존스를 향해 무섭게 돌진했다. 존스는 순간적으로 당황하며 들고 있던 사냥총의 방아쇠를 당겼다.

"탕!"

총알은 스노볼의 등을 살짝 스치며, 그의 등뒤에 서 있던 양에게 명

중되었다. 양은 소리를 지르며 그 자리에 쓰러졌다.

동물들과 인간들이 모두 놀라 잠시 멍하니 있을 때, 스노볼은 이 기회를 놓치지 않고 존스에게 온몸을 던졌다. 결국 존스는 육중한 스노볼의 공격을 받고 땅바닥에 나뒹굴었다. 그가 가지고 있던 사냥총 역시 날아가 버렸다.

이것을 신호로 복서가 씩씩대며 말발굽을 땅에 고르고 있었다. 그런 후 쏜살같이 달려가서, 폭스우드 농장에서 온 마부 청년을 발길질을 해 한 방에 날려 버렸다. 마부 청년은 그대로 진흙 바닥에 쭉 뻗어 버리고 말았다. 곁에서 이 광경을 지켜보던 사람들은 두려움에 떨고 있었다.

'안 되겠다. 동물들이 죽기 살기로 달려들 게 뻔해. 우선 여기를 벗어나야겠어.'

남은 인간들은 서둘러 도망갈 길만 찾고 있었다. 하지만 동물들은 점점 그들 가까이 다가갔다. 농장 안의 동물들은 이제까지 자신들이 인간들에게 받은 설움을, 한 방에 날려 보내려는 듯이 그들을 공격하기 시작했다. 뿔로 치받거나, 발길질을 해대거나, 물어뜯고 밟아 댔다. 지붕 위에서 싸움을 지켜보고 있던 고양이도 어느 새 뛰어내렸다.

"야옹, 야옹!"

사나운 소리를 내며 인간들의 목을 냅다 할켰다.

"아야! 살려 줘!"

거의 애원하다시피 인간들은 울부짖기 시작했다. 그들의 손에 들고 있던 방망이는 이미 땅에 던져진 채였다.

"항복! 항복! 제발 목숨만 살려 줘!"

결국 그들은 동물들 앞에 무릎을 꿇고 빌기 시작했다. 스노볼은 동물들에게 슬며시 눈짓을 했다. 그들이 도망갈 길을 터 주라는 의미였다. 한 군데 길이 뚫린 것을 눈치챈 사람들은, 걸음아 날 살려라 하며 농장

안을 가로질러 뛰기 시작했다. 거위 떼가 도망가는 그들을 뒤쫓으며 재미난 듯 다리를 쪼아 댔다.

"와, 우리가 이겼다!"

동물들은 저마다 환호성을 질러 대며 흥분하여 날뛰었다. 반란이 있던 날은 예기치 못한 상황이라, 우연히 사람들을 내쫓을 수 있었지만 오늘은 달랐다. 준비를 하고 찾아온 인간들과 정면 대결하여 값진 승리를 이끌어 낸 것이다. 이제 농장 안에는 사람들의 흔적은 찾을 수 없게 동물들이 사람들을 모두 내몰았다. 복서는 문득 무슨 생각이 떠올랐다.

"아, 조금 전에 내 발길질에 맞아 기절한 사람은 어떻게 되었을까?"

복서는 서둘러 진흙 바닥에 처박힌 마부 청년에게로 가 보았다. 그는 아직도 땅바닥에 엎어진 채 일어나지 못하고 있었다.

"이봐! 어서 일어나. 다른 일당들은 벌써 도망쳤어!"

발로 툭툭 건드려도 마부 청년은 꼼짝도 하지 않았다. 순간 복서는 겁이 덜컥 났다.

"이런, 어쩌면 좋아. 이 사람 죽었잖아? 난 죽일 생각까지는 없었는데. 여태까지 살아오면서 다른 동물들을 죽이거나, 사람들에게 피해를 준 일은 한 번도 없었는데 오늘에 와서 그 철칙을 깨뜨렸다니……."

복서는 큰 눈에 눈물이 가득 고였다. 옆에서 한 마디만 하면 금방이라도 눈물이 터질 지경이었다.

"복서! 왜 그렇게 나약한 말을 하는 거요? 싸움이란 항상 이겨야만 살아남을 수 있소. 그리고 이기기 위해서는 적들을 다치게 하거나 죽여야 하는 거요."

"하지만 소중한 생명을 함부로 죽인다는 것은 나쁜 짓이야."

스노볼의 충고와 위로에도 불구하고, 복서는 여전히 어두운 표정을 지었다.

"이상하다. 조금 전부터 몰리가 보이지 않는데, 어찌 된 일이지?"

"뭐? 몰리가 없어졌다고? 그럼 혹시……."

이리저리 동물들을 둘러보던 암말 클로버가 소리쳤다.

'혹시 전투 중에 다치거나 어디로 끌려간 건 아닐까?'

동물들은 머릿속으로 여러 가지 걱정을 하며, 농장 안을 이리저리 찾아다녔다.

"몰리! 어딨어?"

한참을 찾아다녔을 무렵, 한 동물이 마구간에서 손을 흔들었다.

"여기야, 여기! 몰리가 이 곳에 숨어 있어."

마구간으로 우르르 몰려간 동물들은, 머리를 마구간 건초더미에 들이밀고 아직도 벌벌 떨고 있는 몰리를 보았다.

"몰리, 여기서 뭐 하는 거니?"

그제야 부끄러운 듯 얼굴을 내민 몰리는 겁에 질린 얼굴로 말했다.

"존스가 쏜 총소리를 듣고 너무 놀라 이 곳으로 도망쳐 왔어. 참, 전투는 어떻게 됐어?"

동물들은 몰리의 모습이 너무 우스워 한바탕 깔깔대며 웃었다. 몰리와 함께 다시 안마당으로 돌아온 동물들은 깜짝 놀랐다.

"어, 여기 죽은 듯이 누워 있던 마부 청년이 어디로 갔지?"

이리저리 두리번거리던 동물들은 큰길 쪽을 바라보았다.

"저기 허둥대고 뛰어가는 사람이 복서의 발에 채였던 그 사람이지?"

마부 청년은 동물들이 없어진 틈에, 벌떡 일어나서 줄행랑을 친 것이었다. 곁에서 이를 지켜보던 복서만이 안도의 한숨을 내쉬었다.

우선 동물들은 그들의 녹색 깃발을 자랑스럽게 게양하고, 〈영국의 동물들〉이란 노래를 엄숙한 마음으로 합창했다. 그리고는 스노볼 대신 죽음을 맞이한 양을, 양지바른 곳에 묻어 주고 묵념을 올렸다. 그리고는 이번 전투에서 용감히 싸운 동물들을 위해 훈장이 수여됐다.

제일 앞장 서 싸운 스노볼과 복서에게 제1동물영웅훈장이 주어졌다. 목숨을 잃은 양에게는 제2동물영웅훈장이 내려졌다. 훈장은 언젠가 마구간에서 찾아낸 놋쇠 장식이었다. 앞으로 일요일과 경축일에 이 훈장을 받은 동물은 그걸 가슴에 달고 나오도록 했다. 모든 동물들의 본보기가 될 수 있도록 하자는 뜻에서였다.

"이번 전투를 글로 남기려는데, 무슨 전투로 부르는 게 좋을까?"

"글쎄……."

"아, 우리가 마지막으로 인간들을 총공격한 곳이 외양간 안마당이었으니 '외양간 안마당 전투' 라고 부르는 게 어떨까?"

"그래, 그게 좋겠다!"

동물들은 이 제목이 썩 마음에 드는지 모두 찬성했다. 하지만 긴 문장을 외우는 걸 싫어하는 동물들도 있었기 때문에, 안마당이란 말은 빼고 그냥 '외양간 전투' 라고 부르기로 결정했다.

안마당 근처에서 존스의 총이 발견되었다. 예전에 찾아 둔 존스의 총알 상자도 함께 가지고 나온 스노볼은 다음과 같이 전했다.

"앞으로 총은 깃발 아래에 꽂아 두고, 해마다 두 번씩 발사하기로 하겠소. 반란 기념일인 6월 24일과, 역사적인 오늘을 기념하여 10월 12일로 할 것이요."

나폴레옹의 음모

날씨가 점점 추워지면서 몰리는 점점 나태해져 갔다. 일을 하는 곳에는 항상 늦게 나타나고는, 일을 할라치면 느릿느릿 하는 둥 마는 둥했다. 몰리는 주로 우물가를 찾아갔다. 그리고 그곳에 비친 자신의 모습을 보고 넋이 나간 듯 꼼짝하지 않았다.

"요새 몰리가 이상한 짓을 하고 다닌데."

"무슨 소리야?"

"이웃 농장 사람들과 자주 만난다지 뭐야."

"어머, 동물 농장의 규칙에는 사람들과 거래하는 짓은 하지 말라고 되어 있잖아!"

몇몇 동물들이 속닥이는 귓속말이, 암말 클로버의 귀에 들어왔다.

'저러다간 몰리가 동물들 사이에서 따돌림을 당하겠는걸. 내가 한 번 만나 보고 설득을 해야겠어.'

자상한 클로버는 우물가에서 서성이고 있는 몰리를 찾아갔다.

"몰리, 네게 할 말이 있어."

클로버는 다른 동물들이 눈치채지 못하도록 조용히 몰리를 불렀다.

"무슨 일이야?"

"요새 동물들 사이에 이상한 소문이 돌고 있어. 바로 너에 관한 일이야. 먼저 내가 본 이야기부터 물어 볼게. 오늘 아침 왜 폭스우드 농장의 경계선에 서 있었지? 그리고 그 곳의 일꾼과 무슨 이야기를 다정스럽게 나누는 모양이던데, 대체 사람들과 무슨 거래를 한 거야?"

"어머, 말도 안 돼! 난 오늘 아침 그 곳에 가지 않았어."

몰리는 기가 막힌다는 얼굴로 클로버를 바라보았다.

"농장 울타리에 서 있던 말은 분명 너였어. 오늘뿐만이 아니야. 다른 동물들도 그런 광경을 목격한 적이 한두 번이 아니야. 내게 사실을 말해 봐."

"몰라!"

그녀는 대답하기 싫다는 투로 화를 벌컥 내며, 이내 꼬리를 사납게 흔들며 떠나 버렸다.

'흠, 내가 너무 몰리를 몰아세운 건 아닐까? 그녀가 있는 마구간으로 가서 달래 줘야지.'

클로버는 다시 그녀가 사는 마구간으로 향했다.

"몰리, 안에 있어?"

마구간으로 썩 들어선 클로버는, 그녀가 없다는 것을 알고 뒤돌아 나오려고 했다. 그런데 그 순간, 번쩍 그녀의 눈에 띄는 것이 있었다.

"아니, 저건……."

건초더미 옆으로 비죽이 삐져나온 것은 리본다발이었다. 가까이 가서 건초더미를 헤쳐 보니, 몰리가 좋아하는 각설탕 몇 덩어리와 여러 가지 색깔의 리본이 있었다.

'내 짐작이 맞았어. 아, 어쩌면 좋아?'

그로부터 며칠 후, 농장 안에서 몰리의 모습이 보이지 않았다. 곧 비둘기들의 입을 통해 그녀의 행방을 찾을 수 있었다.

"시내에 있는 한 술집에서 몰리를 봤어. 줄무늬 바지를 입은 뚱뚱한 남자의 작은 마차를 끌고 있었어. 목에는 좋아하던 빨간색 리본이 매달려 있었고, 남자는 몰리에게 각설탕을 주며 뭐라고 중얼거렸어."

"그랬구나. 네가 보기에 몰리는 어떤 것 같아?"

클로버는 인간 곁으로 돌아간 몰리가 불쌍하게 생각되었다.

"기분이 좋아 보였어."

"바보. 동물들의 삶에 뭐가 중요한지 깨닫지 못하는 바보야."

몰리의 마구간을 지나칠 때면 클로버만이 그녀 생각을 했다. 동물들은 더 이상 그녀의 소식을 알고 싶어하지도 않았다.

새해가 되자 모든 것이 얼어붙을 정도로 추웠다. 바깥 일을 할 수 없을 정도가 되자, 동물들은 봄에 일할 계획을 세우느라 자주 모임을 가졌다.

회의가 있는 날에 주로 의견을 내는 동물은, 대부분 돼지들이었다. 나머지 동물들은 의견에 대해 찬반 투표를 하는 정도였다.

돼지들 중 특히 두 마리가 나서서 의견을 제시했다. 스노볼과 나폴레옹은 항상 반대를 하기 위해 준비라도 한 것처럼, 의견의 일치를 본 적이 거의 없었다. 동물들은 스노볼이 이야기할 때면 그의 말이 맞는 것 같았고, 다시 나폴레옹이 반대를 하고 나서면 그의 말도 일리가 있다고 생각했다.

"이번에는 보리를 좀더 많이 심어야겠소."

"무슨 소리요? 작년에 귀리의 양이 부족했으니, 올해는 귀리를 심는 쪽이 낫단 말이오."

이렇게 서로 부딪히는가 하면, 스노볼이 배추를 심자고 하면 배추를 제외한 무나 당근을 심어야 한다고 으르렁댔다.

스노볼은 안채에서 가져온 농사에 관한 책들을 열심히 읽고 연구했다. 그래서 농사에 관해 아는 척을 할 수 있는데다가 연설에 능통했다. 반면 나폴레옹은 개인적으로 동물들을 찾아가, 자기 편을 만드는 경우가 많았다.

"여러분, 내 말을 잘 들어 보시오. 스노볼은 동물들 각자의 편리를 봐주는 경우가 없다는 걸 당신들은 잘 알고 있을 거요. 하지만, 난 다르오. 앞으로 좋은 자리를 차지하게 된다면, 그건 모두 여러분 덕택일 거요. 물론 그 땐 잊지 않고 여러분의 복지를 위해 더 많은 노력을 하겠소."

양들은 고개를 끄덕였다.

"좋아요, 그 뜻에 따르겠어요. 나중에라도 우리들을 잊어서는 안 돼요. 그럼 우리가 무슨 일을 도와주어야 하는지 일러 줘요."

그 뒤로 스노볼이 중요한 일을 제안하거나, 나폴레옹이 밀리는 날에는 여지없이 양들이 소리치고 나섰다.

"네 발은 좋다, 두 발은 나쁘다, 네 발은 좋다……."

소란스럽게 이 소리가 반복되면, 중요한 결정 사항은 다음으로 미루어지곤 했다. 스노볼은 농사에 관해 전문가인 척 여러 가지 개선안을 들고 나왔다.

"홍수를 대비해 농장 안의 물이 잘 빠질 수 있도록 배수로를 만들고, 우리들이 거두어들인 곡식들에 습기가 차지 않도록 돌아가면서 창고를 잘 관리하도록 합시다. 그리고 비료는 운반하는 것보다, 우리들이 장소를 정해 직접 대변을 본다면 훨씬 수월할 거요."

나폴레옹은 스노볼의 의견들을 들으면서 딴생각을 하곤 했다.

'흥, 네가 아무리 잘난 척해도 내게는 안 될걸. 두고 봐, 네 얼굴이 사색이 되도록 만들어 놓을 테니까.'

드디어 스노볼과 나폴레옹이 크게 대립할 문제가 생겼다. 이른바 풍차 건립 계획이었다.

"목장 언덕 위에 풍차를 만듭시다! 풍차가 세워지게 되는 날에는 상상도 못할 대단한 일이 벌어질 거요."

난데없는 소리에 동물들은 웅성댔다.

"쉿, 조용히 하고 내 말을 들어 보시오. 풍차로 전기를 얻으면 밤에도 축사에 환하게 불을 밝힐 수가 있소. 게다가 냉난방을 할 수 있어서 우리들이 사는 곳이 쾌적하게 될 거요. 그리고 우리들이 지금 사용하는 원시적인 농기구가 아니라, 좀더 세련된 기계를 만들 수도 있소. 우리는 기계를 단지 작동만 시키면 되오. 할 일이 그만큼 줄어드는 거요. 먹을 것은 농장 안에 남아돌고, 남는 시간에는 각자 원하는 것을 하면 되오."

모든 동물들은 꿈 같은 일이 현실에서도 일어날 수 있다는 스노볼의 말에 실감이 나지 않았다.

"말도 안 되는 소리요! 그 일이 하루아침에 이루어질 수 있는 일이 아니잖소? 우리에게 당장 시급한 것은, 부족한 식량을 늘리는 일이란 말이오."

헛간 안에 모인 동물들의 꿈을 깨는 소리를 한 돼지는, 바로 나폴레옹이었다. 그는 풍차 건립이 뜬구름 잡는 이야기라며 반발하고 나섰다. 양들이 다시 소란을 피우기 시작하자, 회의는 일단 스노볼의 풍차 건설 설계도가 완성되는 대로 다시 열기로 했다.

이 일 이후로 스노볼은 자신의 작업장에서 나오지 않았다. 작업장이란 곳은 이전에 달걀 부화장으로 사용되던 곳으로, 바닥이 반질거려 설계도를 그리기엔 안성맞춤이었다. 스노볼은 안채에서 가져온 여러 가지 책을 돌로 눌러 펼쳐 놓고, 발가락 사이에 분필을 끼운 채 바닥에 선을 그려나가기 시작했다.

"그래, 이곳은 여기에 달려 있는 게 좋고, 이곳은……."

혼잣말로 중얼거리며 마룻바닥의 이곳저곳에 그림을 그렸다. 벌써 수많은 선들과 톱니바퀴가 마룻바닥을 거의 다 채우고 있었다. 작업장에서 먹고 자며, 거의 두 주일 동안 꼬박 그린 설계도를 바라보는 스노볼은 스스로 감격에 겨워했다.

'아, 내 꿈대로 풍차만 건설되면…….'

동물들은 하루에 한 번 정도 스노볼의 작업실을 찾아와, 그의 설계도란 것을 구경하곤 했다. 대부분의 동물들은 이해할 수 없었지만, 나름대로 뿌듯한 느낌은 들었다. 암탉과 오리들 역시 구경을 하려고 작업실로 들어섰다.

"와, 굉장한데!"

암탉 역시 마룻바닥의 많은 선들이 무엇을 뜻하는지 알 수 없었지만,

스노볼이 하는 작업이 무척 대단해 보였다. 그들은 행여나 설계도를 밟기라도 할까 봐 조심조심 걸어다녔다. 농장 안의 동물들 중 나폴레옹을 제외한 모든 동물들이 한 번씩 작업실을 다녀갔다.

그러던 어느 날, 전혀 예기치 않은 일이 벌어졌다. 나폴레옹이 스노볼의 작업실 문을 살며시 열고 들어선 것이다.

문 안으로 성큼 들어선 나폴레옹은, 바닥에 그려진 설계도를 이리저리 다니며 유심히 살펴보았다. 다음 순간 그는 한 다리를 들어 오줌을 마룻바닥에 스스럼없이 누고는 휙 돌아서 가 버렸다. 그 곳에 모인 동물들은 황당한 표정이 되어, 아무 말도 할 수가 없었다.

풍차 설계도가 거의 완성되어 갈 무렵, 스노볼은 회의에 참석하여 다시 한 번 그 중요성을 강조했다.

"물론 풍차 건설이 말처럼 쉬운 일은 아니오. 돌을 깎아서 벽을 세우고, 풍차의 날개도 만들어야 하고, 발전기도 구해야 하오. 하지만 나중의 편안한 노후를 생각하면, 1년의 고생은 아무것도 아니오. 풍차가 세워진 후 우리들 모습을 상상해 보시오."

스노볼의 설명이 끝나자, 나폴레옹이 대뜸 나섰다.

"저 이야기는 헛된 꿈이요. 우리에게 필요한 것은 어떻게 하면, 식량을 좀더 늘릴 수 있는 방법이 있는지 알아보는 일이오. 풍차 계획에 너무 많은 시간을 소비하다 보면, 결국 굶는 일이 생길지도 모르오."

자연히 스노볼을 따르는 편과, 나폴레옹의 현실적인 문제를 지지하는 두 쪽으로 나누어졌다. 하지만 그 어느 쪽에도 관심을 두지 않는 동물은, 당나귀 벤자민이었다.

"벤자민, 네 판단으로는 어느 쪽이 옳은 것 같니?"

"글쎄. 잘 모르겠어. 일이 되어가는 대로 지켜볼 뿐이야. 풍차가 건설되든 안 되든 큰 문제가 아니라고 생각해."

역시 벤자민은 항상 그래 왔듯이 초연한 태도를 보였다. 풍차 건설 문제 외에 농장을 어떻게 하면, 더 굳건하게 지킬 수 있는가 하는 문제 역시 동물들의 관심거리였다.

"앞으로 존스 일당이 세력을 확장시켜 다시 이 곳으로 쳐들어올 텐데, 어떻게 이 농장을 지킬 거죠?"

돼지 중 한 마리가 걱정스런 얼굴로 묻자 나폴레옹이 말했다.

"그 문제라면 내가 책임지겠소. 우선 동물들에게도, 인간들이 사용하는 여러 종류의 총기를 나눠 주어 그 사용법을 익히는 것이오. 매일 훈련을 하면, 누가 쳐들어온다고 할지라도 걱정할 것 없소."

그러자 스노볼은 다른 방법이 있다며 앞으로 나섰다.

"내게 좋은 방법이 있소. 우리들이 이제껏 파견했던 비둘기의 수를 더 많이 늘리는 것이오. 그리고 여러 농장으로 비둘기를 날려 보내서

각 농장의 동물들을 선동하여 반란을 일으키게 하는 것이오. 그러면 힘들게 인간들을 상대하지 않아도 될 것이오."

나폴레옹은 스노볼을 향해 얼굴을 찡그렸다. 동물들은 두 돼지가 서로 다른 의견으로 갈등할 때마다, 판단하기가 어려웠다. 좋은 의견보다 현명한 선택을 하는 것이, 어리석은 동물들에게는 부담으로 느껴졌다.

드디어 스노볼의 풍차 설계도가 완성되었다. 동물들은 돌아오는 일요일 총회에서 이 일을 마무리짓기로 했다. 일요일 아침이 밝아오자, 스노볼은 당당히 동물들 앞에서 다시 한 번 풍차 건설 계획을 힘주어 말했다. 물론 가끔씩 중얼대는 양 떼들의 방해를 받아 가면서 연설했지만 말이다. 이윽고 나폴레옹의 차례가 되었다.

"풍차 건설은 부질없는 짓이오."

간단히 한 마디만 남긴 채 그는 그 자리에 앉아 버렸다. 동물들은 의외로 짧게 끝난 나폴레옹의 반박하는 말을 듣고 어리둥절했다.

"이상한 일인데, 오늘이 가장 중요한 날인데 말이야. 나폴레옹이 싱겁게 일을 끝낸 것 같아. 뭔가 불길한 생각이 들어."

"그러게 말야, 저렇게 간단히 물러설 나폴레옹이 아닌데."

동물들은 수군거리며 슬쩍슬쩍 나폴레옹의 눈치를 살폈다. 이 때를 놓치면 안 된다는 듯이 자리에서 벌떡 일어난 것은 스노볼이었다.

"여러분, 다시 한 번 잘 생각해 주시기 바랍니다. 풍차 건설은 우리들의 꿈입니다. 우리 자손들의 미래가 달린 일이오. 풍차 건설 때까지 조금만 참으면, 앞으로 풍요로운 삶이 우리를 기다릴 것이오."

동물들의 마음은 차츰 풍차를 건설하는 방향으로 굳혀져 가고 있었다. 실제로 그들에게 이루어질 수 있는 것보다 훨씬 많은 혜택이 그들을 기다릴 것 같은 꿈에 부풀었다. 마침내 투표를 할 시간이 다가왔다. 모든 동물들은 웅성대며 찬성의 표를 던지기 위해 기다리고 있었다.

"꽤액!"

찢어질 듯한 비명 소리가 들려왔다. 그 소리는 지금까지 풍차 계획 반대를 포기하고 있던 나폴레옹이 내지른 소리였다.

그러자 어디선가 개들이 사납게 짖는 소리가 점점 가까이에서 들려오기 시작했다. 놋쇠 장식을 목에 매단 아홉 마리의 사나운 개가 헛간 안으로 뛰어들어왔다. 동물 농장 동물들은 너무 놀라 한 걸음씩 뒤로 물러섰다.

아홉 마리의 개들은 곧장 스노볼을 향해 공격을 했다. 스노볼은 황급히 헛간 안을 빠져 나가, 농장 안을 가로질러 뛰기 시작했다. 개들도 이에 질세라 있는 힘을 다해 뒤쫓았다. 쫓고 쫓기는 광경이 눈앞에 펼쳐지고 있었다. 개들은 거의 스노볼을 잡을 정도로 따라붙었다.

막 스노볼의 꼬리가 개들에게 잡히려는 순간, 그는 목장 울타리 밑에

난 구멍으로 몸을 들이밀고 달아났다. 아홉 마리의 개들은 스노볼이 혹시라도, 이 곳으로 돌아오기라도 할까 봐 한동안 울타리 앞을 지키고 서 있었다.

"이게 무슨 일이지?"

"어휴, 저 사나운 개들은 처음 보는 동물인데."

동물들은 스노볼이 농장 안을 빠져 나가 버리자, 씁쓸한 기분으로 뒤돌아서 다시 헛간으로 모였다. 다시 모인 자리에서 비로소, 아홉 마리의 개들에 대한 의문점이 풀렸다.

"제시와 블루벨이 낳은 강아지들이 벌써 저렇게 자랐다고 하는군. 우린 여태까지 저 개들을 까맣게 잊고 있었는데 말이야."

"아, 그 다락방에서 아무도 모르게 키웠다는 개 말인가?"

그제야 동물들은 예전의 일이 생각난 듯이 고개를 끄덕였다.

사나운 개들은 어슬렁어슬렁 헛간 안으로 들어와서는 나폴레옹의 주변에 앉았다. 그 모습은, 농장 주인이었던 존스를 호위하던 농장의 개들과 흡사했다. 나폴레옹은 큰 기침을 한 번 하고는 연단 위로 올라갔다.

"앞으로는 일요일마다 해 왔던 총회를 그만두기로 하겠다. 많은 동물들이 모여 웅성대는 것은 쓸모없는 짓이다. 돼지들로 구성된 운영 위원회에서 여러분에게 알맞은 의견을 제시하고 결정된 일을 전달하도록 하겠다. 회의는 비밀로 할 것이며, 앞으로 일요일 모임은 간단하게 깃발 게양식과 노래를 합창하는 것으로 마칠 것이다."

동물들은 어떻게 불평을 할 수 없었지만, 마음속으로는 무언가 잘못되어 가고 있다는 것을 어렴풋이 느낄 수 있었다. 복서도 어쩐지 불안한 마음이 들었다.

'지금 뭔가 일이 이상하게 돌아가고 있어. 뭐라고 설명할 수는 없지만 이대로 그냥 놔 두어선 안 돼!'

순한 클로버도 기분이 좋지 않았다.

'도대체 저 개들은 뭐야. 우리를 위협하겠다는 건가. 저렇게 으르렁거리고 있으니 도대체 무슨 말을 할 수 있겠어?'

동물들은 지금 나폴레옹의 말보다 사나운 개들이 더 두려웠다. 동물들은 숨죽이고 있을 수밖에 없었다.

"그럼, 다들 찬성하는 것으로 알고 회의를 끝내도록 하겠다."

그 때였다. 나폴레옹의 바로 앞에 자리한, 식용 돼지 네 마리가 벌떡 일어서며 소리를 지르며 불만을 터뜨렸다.

"뭔가 잘못됐어. 같은 동료를 내쫓는 일은 있을 수 없어!"

동물들이 하고 싶었던 말을 거침없이 쏟아 내려는 찰나였다. 나폴레옹의 표정이 일그러지자, 개들은 기다렸다는 듯이 돼지들을 향해 으르렁댔다. 돼지들은 위기를 느낀 듯, 뒤로 한 걸음 물러서서는 그만 주저앉고 말았다. 다른 동물들도 이젠 더 이상 어쩔 도리가 없었다. 분위기가 험악해지자 다시 양들이 나섰다.

"네발은 좋다, 두 발은 나쁘다."

양들이 똑같은 말을 반복하고 나자 그만 회의는 끝나고 말았다. 그 후로 스퀄러는 나폴레옹의 대변인 노릇을 하며 농장 안을 돌아다녔다.

"너희들이 뭔가 잘못 생각하고 있는 게 있는 것 같아. 내가 오해를 풀어 주려고 이렇게 찾아온 거야. 동물들의 우두머리가 된다는 것은 굉장히 힘든 일이야. 너희들에게 도움을 주고자, 어렵고 힘든 일을 나폴레옹이 맡고 나선 거야. 모든 동물들이 모여 여러 가지 잡다한 일들을 함께 결정한다는 것은 시간 낭비일 뿐 아니라 우왕좌왕하느라 일이 늦어지게 돼. 또, 짧은 순간에 현명한 판단을 내린다는 일도 사실은 쉬운 일이 아니잖아. 그런 이유로 일요일 회의를 없애도록 한 거야. 스노볼의 경우를 봐도 알 수 있듯이, 풍차 건설 같은 터무니없는 일로 사람들을 현혹시키려 하는 무리들이 있잖아. 그는 우리들을 우롱한 거야."

그러나 동물들은 스노볼이 옳지 못하다는 말은 믿지 않았다.

"스노볼은 우리들을 위해 몸을 아끼지 않고, 외양간 전투에서 죽을 힘을 다해 싸우지 않았나요?"

"그 일에 대한 평가는 차후에 정확하게 조사할 거야. 우리에게 지금 필요한 것은 철저한 규율이야. 그게 무너지는 날엔 어떻게 된다는 걸 다들 잘 알고 있겠지?"

동물들은 스퀄러가 무슨 말을 할지 두려웠다.

"바로 존스가 다시 돌아올 거야. 그는 이 농장이 혼란스러워지기를 호시탐탐 노리는 사람 중 하나야."

존스가 돌아온다는 말은 동물들에게 더 이상 할 말이 없게 만들었다.

일요일에 회의를 하지 않음으로 해서 존스가 돌아오지 않는다면 그것으로 만족이었다. 동물들은 더 이상 궁금한 것이 없는 듯, 어깨를 축 늘어뜨리고 각자의 자리로 돌아갔다. 복서 역시 걸으면서 스퀼러의 말이 무슨 뜻인지 헤아리고 있었다.

'그래, 존스가 돌아오지 않게 하려면, 무조건 나폴레옹의 말을 믿으면 돼. 그뿐이야.'

복서는 그 후로 '내가 더 열심히 일한다' 외에 '나폴레옹의 말은 늘 옳다' 라는 마음가짐을 단단히 가지기로 마음먹었다. 날씨가 점점 풀어지자 농사일도 서서히 시작할 준비를 했다. 스노볼이 쫓겨간 후로 작업실 문에는 큰 자물쇠가 걸려 있었다.

"아마 스노볼이 그린 설계도도 지금쯤 거의 남아 있지 않겠지?"

"벌써 나폴레옹의 명령을 받아 지워 버렸겠지."

동물들은 일요일이면 헛간에 모여, 돌아오는 주에 해야 할 일을 전달받았다. 그리고 달라진 것이 있다면, 깃발 아래 꽂아 두었던 총 옆에 두개골을 나란히 꽂아 두었다. 그것은 메이저의 무덤에서 가져온 것으로, 깃발 게양식 후에 묵념을 해야 했다. 그리고 헛간에 들어가면, 예전처럼 같은 자리에 함께 앉을 수가 없었다.

높은 연단 위에는 늘 나폴레옹이 근엄한 얼굴로 자리잡고 있었으며, 그 옆에 노래와 시를 잘 짓는 미니무스가 있었다. 그 주위로 아홉 마리의 개들이 나폴레옹을 호위하고 있었다. 그런 다음에야 동물들은 그 뒤로 자리를 잡았다. 나폴레옹이 느릿한 목소리로 다음 주에 해야 할 일을 낭독한 후 〈영국의 동물들〉이란 노래를 다 같이 합창했다.

몇 주가 지난 어느 날, 동물들은 일요일 모임에서 놀랄 만한 일을 듣게 되었다.

"풍차 건설 계획이 곧 실시될 것이다. 그렇게 되면 당분간은 조금 힘이 들 것이며, 식량이 부족해질지도 모른다. 모두가 힘을 합해 어려운 일을 극복하기로 하자."

동물들은 그토록 반대하던 일을, 무슨 이유로 다시 시작하게 되었는지 알 수가 없었다. 하지만 나폴레옹은 자질구레한 이유를 설명하려고 하지 않았다. 스퀼러는 이러한 동물들의 궁금증을 풀어 주었다.

"어떻게 된 일이야? 갑자기 풍차 건설을 다시 추진한다니?"

"갑작스러운 일이 아니야. 돼지 운영 위원회에서 3주 동안 밤을 새워 가며 연구했어."

"나폴레옹은 풍차 건설을 강력히 반대해 왔잖아?"

"너희들이 뭘 잘못 알고 있는 거야. 나도 요즘에야 그 사실을 알게 되었는데, 스노볼이 그렸다는 그 설계도는 사실은 나폴레옹의 머리에서 나온 것이야. 그것을 스노볼이 몰래 훔쳐 내, 마치 자신이 그린 것처럼 행동한 거야. 나폴레옹은 나쁜 짓을 하고 다니는 스노볼을 혼내 주기 위해, 풍차 건설 계획을 반대하고 나섰던 것이고."

동물들은 전혀 새로운 사실에 뭐라 대꾸할 말이 생각나지 않았다.

"하여튼 스노볼이 없어진 지금, 다시 풍차 건설을 시도하려는 건 당연한 일이잖아."

"글쎄, 네 말은 어딘가 좀 수상한 구석이 있어."

스퀼러의 말을 반박하고 나서자, 주변에 있던 세 마리의 개가 짧지만 위협적인 소리를 질렀다. 다른 동물들은 하는 수 없이 스퀼러의 말에 고개를 끄덕였다.

풍차 건설의 어려움

풍차 건설 결정이 있은 후부터, 동물들은 밤낮을 가리지 않고 열심히 일을 했다. 하지만 그 일은 강요에 의해서가 아니라, 스스로 원해서 하는 일이었다.

'나와 앞으로 태어날 내 새끼들을 위해서라면, 이 정도쯤이야 참고 일할 수 있어. 전에는 인간들을 위해 억지로 노동을 했지만, 지금은 그렇지 않아.'

동물들은 일을 하면서도 즐거워했다. 봄과 여름에는 일주일에 무려 60시간 정도 고된 일에 매달려야 했다.

날씨가 선선해지기 시작하자, 일을 하지 않기로 했던 일요일 오후 시간에도 노동에 참여할 것을 지시받았다. 물론 강제적으로 그렇게 한 것은 아니었지만, 일요일 일에 참가하지 않는 경우엔 먹을 것을 절반으로 줄였다.

풍차 건설 계획과 농작물을 돌보는 일을 함께 해 나가야 했기 때문에, 수확양은 그다지 좋은 편이 아니었다.

"이러다가는 이번 겨울엔 먹을 것이 부족할 수도 있겠어."

"그러게 말이야. 풍차 건설 계획에 많은 시간을 보내니까, 아무래도 농사를 돌보는 일엔 소홀하게 돼……."

또 풍차 건설엔 생각지도 않은 일들이 생겨나기 시작했다. 농장에는 좋은 석회석을 가진 채석장이 있었다. 농장 헛간에도 모래와 시멘트가 넉넉했다. 재료만 갖추어지면, 바로 풍차의 벽을 쌓아 나갈 수 있다고 생각한 것이 잘못이었다.

"채석장에 있는 돌들은 벽을 쌓기엔 너무 큰 것 같아."

"네 말이 맞아. 하지만 무슨 수로 저 큰 돌을 부수겠어?"

"인간들은 돌을 부수거나 옮길 때 도구를 사용하잖아. 이를테면 망치나 곡괭이, 또는 지렛대 같은 것들 말이야."

운영 위원회의 돼지들은 한 자리에 모여 돌을 쪼갤 방법을 궁리했다.

"그런 도구들은 두 발을 가진 경우에 사용할 수 있어. 억지로 두 발을 만들어 설 수야 있지만 오래 버티지는 못할 거야."

결국 시간만 흘러가고, 좋은 생각은 떠오르지 않았다.

"아, 그래. 내게 좋은 생각이 있어!"

"무슨 좋은 방법이라도 생각난 거야?"

"중력을 이용하면 돼. 즉 큰 돌을 밧줄로 매어 비탈길을 올라가서, 언덕 위에서 돌을 굴리는 거야. 그러면 데굴데굴 굴러가서 큰 돌이 깨지면서 작은 돌들이 생겨날 거야."

곧 채석장에 있는 돌을 밧줄로 묶는 작업이 시작되었다. 힘센 모든 동물들이 동원되어 밧줄을 끌고 비탈길을 올라갔다. 모든 힘을 다해 끌고 올라간 가지고 있던 돌들을, 곧 꼭대기에서 밀어 굴렸다. 끌고 올라간 수고에 비하면 그것은 아무것도 아니었다.

언덕 아래에서는 돌들이 부딪히며 깨지는 소리가 요란하게 들려왔다. 동물들은 깨진 돌을 다시 수레나 마차를 이용해 주워 담았다. 그리고 풍차가 세워질 언덕을 향해 힘찬 출발을 하곤 했다.

몸집이 큰 동물은 많은 돌을 한꺼번에 날랐고, 자그마한 동물들은 한 개씩 물어 날랐다. 힘들고 지쳤지만, 누구 하나 불평하는 동물이 없었다. 밧줄을 잡고 끄는 일은 생각만큼 쉬운 일이 아니었다.

복서는 동물들의 영웅이었다. 그가 돌을 나르는 일을 하지 않았더라면, 일을 끝내지 못했을 것이다. 한 번은 보기에도 무겁고 큰 돌을 끌고 비탈길을 올라갈 때였다. 복서가 제일 앞장을 서고 그 뒤로 동물들이 줄을 이어 길게 늘어섰다.

갑자기 돌이 미끄러지면서 밧줄이 느슨하게 빠져 나가기 시작했다.

"앗, 큰일났다!"

줄을 끌던 다른 동물들도 순간 당황하여, 그나마 잡고 있던 밧줄을

놓아 버렸다. 복서는 순간적으로 빠져 나가려던 밧줄을 세게 잡아당겼다. 줄은 복서의 어깨를 아프게 짓누르고, 말굽은 땅 속으로 파여 들어갔다. 하지만 복서는 줄을 놓지 않았다. 끙끙거리며 혼자 그 무거운 돌을 언덕 위에까지 끌고 올라갔다.

"와, 복서 대단해!"

"네가 최고야. 우리는 돌을 놓치는 줄 알았어."

하지만 그 광경을 본 암말 클로버는 마땅치 않은 얼굴이었다.

"복서, 너무 피곤해 보여. 휴식을 취하는 게 좋겠어."

"괜찮아, 걱정해 줘서 고마워."

"그렇게 쉬지 않고 일하다간 병이 날지도 몰라!"

클로버의 위로와 따끔한 충고에도 아랑곳하지 않고, 복서는 다시 수탉을 찾아갔다.

"부탁이 있어. 다른 동물보다 30분 일찍 깨워 주던 것을, 15분 더 늘려서 45분 더 일찍 깨워 주었으면 해."

"지금도 네겐 벅찬 일이야. 그렇게 무리하다간 큰일 나."

"내 일은 내가 알아서 할 테니 걱정 말고 꼭 좀 부탁해."

수탉은 돌아가는 복서를 안타까운 표정으로 바라다보았다. 그 뒤로도 복서는 일하다가 규칙적으로 쉬는 휴식 시간에도 가만히 있지 않았다. 작은 돌들을 잔뜩 실은 수레를 끌고, 다시 풍차를 세울 언덕으로 향하곤 했다.

'한 수레라도 얼른 실어 날라야 해. 꾸물거릴 시간이 없어.'

동물들은 그런 복서를 마음속으로 존경하고 사랑했다. 물론 복서 자신도 일이 즐거운 것만은 아니었다. 힘들고 고달플 때면 혼자 중얼거리곤 했다.

"내가 일을 더한다. 나폴레옹은 늘 옳다."

여름 동안은 농장의 식량 사정이 괜찮았다. 예전에는 동물들이 일한 것을 인간들이 모두 차지해 버렸지만 지금은 그렇지가 않았다. 그렇다고 생산량이 늘어난 것은 아니었지만, 동물들이 먹을 양은 충분했다. 일을 하는 것이 고되고 힘들더라도 마음만은 흡족했다.

그 외에도 동물들이 경영하는 농장이라, 불필요한 소비가 없었다. 인간들을 위해 멋지게 꾸밀 필요도 없었고, 울타리와 문을 특별히 손볼 필요도 없었다. 풀을 깎는 작업은, 인간들보다 더 잘할 수 있는 일 중 하나였다. 그리고 인간들처럼 남의 것에 욕심을 내서, 훔치는 일이 동물들에게는 없었다.

"동물 농장에 사는 동물들은 남의 물건에 탐내는 걸 본 적이 없어."

"그래. 나도 그렇게 생각해. 만약 남을 의심한다면, 함께 살아갈 수 없을 거야. 마음 하나만으로도 이렇게 행복해질 수 있어."

그러나 농장 안에서 구할 수 없는 물건들이 점차 생기기 시작했다.

"기름이 다 떨어진 것 같아. 어쩌지? 농장 안에는 더 이상 없는데."

"나도 마찬가지야. 못이나 끈 같은 게 있어야 하는데, 도무지 구할 수가 없으니 말이야."

동물들이 절실히 필요한 것들을 돼지들에게 알렸다. 운영 위원회에서는 회의를 열어 이 문제를 논의했다.

"농장에서 직접 만들 수 없는 것들이, 앞으로도 많이 필요할 텐데 어쩌면 좋죠?"

"지금도 농장에 있던 물건은 이미 바닥이 난 상태요."

"차츰 농사에 쓸 농기구, 씨앗, 비료 등이 필요할 텐데……. 게다가 풍차에 쓸 기계도 있어야 하는데 큰일이네."

"흠, 동물들만 살면서 자급자족할 수는 없는 노릇이군."

일요일이 되어 헛간에 모인 동물들 앞에서, 나폴레옹이 새로운 소식을 전했다.

"이번 주에도 수고가 많았소. 앞으로도 열심히 풍차 건설 사업에 적극 참여해 주기 바라오. 이번에 중대한 일을 결정하게 되었소. 앞으로는 주변 농장들과 조건이 맞는다면 거래를 할 생각이오. 이 일은 단순히 돈을 벌자는 생각 때문이 아니라, 우리가 필요한 것을 가지고 있는 물건과 바꾼다는 뜻이오."

동물들은 나폴레옹의 결정에 충격이 컸다. 그들은 마음속으로 예전의 일을 되새겼다.

'인간들과 거래를 한다고? 그건 해선 안 될 일로 알고 있는데.'

나폴레옹은 동물들의 표정은 아랑곳하지 않고, 그의 말을 계속 했다.

"우선, 풍차 계획에 필요한 기계들을 구입하려고 하오. 그러기 위해선 건초 한 더미와 우리가 가진 밀을 약간 내놓아야 하오. 그리고 앞으로 쓸 물건이 더 많아지게 되면, 달걀을 팔아야만 할 거요."

암탉들은 고개를 쑥 내밀고 깜짝 놀라는 눈치였다.

"꼬꼬댁, 꼬꼬!"

닭들은 나폴레옹에게 시위를 했다. 점점 닭들이 크게 소리치자, 나폴레옹의 곁에 있던 개들이 으르렁대며 암탉들을 노려보았다. 암탉들은 그만 목을 쏙 집어넣고, 얌전히 자리에 앉아 버렸다.

"만약에 달걀을 팔아야 할 때가 오면, 암탉들은 풍차 건설을 위한 위대한 희생으로 알고 받아들여야 하오."

잠시 헛간 안에 무거운 침묵이 흘렀다. 반란 직후에 분명히 인간들과 거래를 하지 말며, 장사를 하지 말라고 다짐을 하지 않았던가. 그런데 이제 와서 그 모든 결의를 다 깨뜨리고, 인간들과 거래를 하겠다니, 도무지 앞뒤가 맞지 않았다.

"자, 무슨 의문 나는 일이 있으면 말해 보시오."

"예전에 동물들이 한 자리에 모여 결의했던 일과 좀 다른 것……."

식용 돼지 네 마리가 다시 용감하게 나서서 의견을 말하려고 했다. 하지만 말을 다 마치기도 전에 개들이 짖어 대기 시작했다.

"으르르렁!"

날카로운 소리에 기겁을 한 돼지들은 얼른 말을 끊었다. 그 뒤를 이어 다시 양들의 합창이 시작되었다.

"네 발은 좋다, 두 발은 나쁘다, 네 발은 좋다, 두 발은 나쁘다……."

나폴레옹은 곧 양들에게 손을 들어, 조용히 하라는 표시를 했다. 다시 헛간 안이 조용해지자, 그는 침착한 말투로 말을 이었다.

"교활한 인간들과 상대를 한다고 걱정이 많이 되는 모양이군. 하지만 안심해도 좋소. 내가 모든 일을 잘 해 놨으니까. 인간들과 직접 물건을 사고 파는 일은 분명히 위험하고 좋지 않은 일이기 때문에, 대신 믿을 만한 사람을 알아봤소. 윌링던에 있는 휨퍼라는 변호사에게 우리의 일을 맡기기로 했소. 즉, 휨퍼가 인간들과 우리 사이에서 중간 역할을 하며, 일을 성사시키는 거요. 다음 주 월요일이면 그를 볼 수 있을 거요. 월요일 아침마다 이 곳으로 오기로 했소."

나폴레옹은 웬일인지 간단히 통보 사실만 알려 주던 때와는 달리, 운영 위원회에서 진행 중인 이야기를 많이 알려 주었다.

"자, 더 이상 궁금한 사실은 없소? 그럼, 오늘 모임은 여기서 그만."

동물들이 아무 말이 없자, 곧 이어 〈영국의 동물들〉이란 노래가 불려졌다. 합창이 끝나자 나폴레옹은 아홉 마리 개의 호위를 받으며, 뒤뚱거리며 회의장을 빠져 나갔다.

"휴, 요즘은 헛간에 들어설 때마다 예기치 못한 일로 충격을 받아."

"그래, 우리가 생각했던 것과는 다른 일들이 결정되고, 우린 통보만 받을 뿐이니 놀라는 것도 무리는 아니지."

동물들은 서로 몇 마디 말을 나눈 후 일터로 향했다. 저녁때가 되어 스퀼러가 꼬리를 살랑살랑 흔들며 나타났다.

"오늘 하루도 고생이 많았어. 오늘 회의 때 궁금한 일이 많아 보이던데, 내게 이야기해 봐. 아는 대로 설명해 줄 테니까."

"내 기억으로는 인간들과 거래를 하지 않을 것이며, 장사를 해서도 안 되고, 게다가 돈을 사용해서는 안 된다고 알고 있는데."

"그래? 난 처음 듣는 소리야. 나폴레옹이 얼마나 똑똑하고 훌륭한데 그런 일을 잊어버리겠나?"

스퀼러는 얼굴색 하나 변하지 않고 시치미를 딱 잡아뗐다.

"아니야. 내 머릿속에 분명 그렇게 하자고 결의를 했던 기억이 남아 있어. 인간들이 하는 짓을 따라해서는 안 된다고 말이야."

"너희들이 잘못 알고 있는 거야. 우리는 돈을 사용하면 안 되고, 장사를 해서도 안 된다는 조항을, 만든 적도 결의한 적도 없어. 혹시 스노볼이 퍼뜨린 헛소문이 너희들 머릿속에 남아 있는 건 아닐까?"

그렇게 설명을 했는데도 불구하고 동물들이 이해하려고 들지 않자, 스퀼러는 강하게 반문하고 나섰다.

"그렇다면 분명 글이나 문서로 남겼을 텐데, 어디 가져와 봐. 그렇게 중요한 사실이라면 7계명 속에 포함시켰을 거야."

"그래 네 말대로 문서 같은 건 없어. 하지만……."

동물들은 스퀼러가 증거를 대라고 하자 할 말이 없었다.

'그럼 정말 우리들이 잘못 알고 있는 걸까? 아니, 그럴 리가 없는데.'

스퀼러는 다시 한 번 동물들에게 엄포를 놓으면서 거만하게 굴었다.

"거 봐, 분명히 너희들이 어디서 엉뚱한 소리를 들은 게 틀림없어. 훌륭한 나폴레옹이 다 알아서 하는 일이니, 너희들은 아무 걱정하지 말고 따라 주기만 하면 돼."

더 이상 동물들은 자신들이 알고 있던 사실들을 주장하지 않았다. 스퀼러가 그렇게 자신 있게 말하는 걸 듣고, 자신들이 그 동안 잘못 알고 있었다고 생각해 버렸다. 변호사 휨퍼는 월요일마다 큼직한 가방을 손에 들고, 동물 농장에 나타났다.

"동물 여러분, 안녕하시오?"

농장 입구에 들어서면서 휨퍼는 손을 번쩍 들어, 동물들에게 가벼운 인사를 했다.

"사람이 농장 안에 들어왔어!"

"큰일났어! 어서 나폴레옹에게 알려야 해."

동물들은 일요일 아침에 전달받은 사실을 새까맣게 잊어버린 채 허둥댔다. 오리와 암탉들은 소리를 지르고, 사방으로 쫓아다니며 소란을 피웠다.

"왜 그래? 도대체 무슨 일이 일어난 거야?"

"저길 봐! 콧수염을 한 키 작은 사람이 농장 안으로 들어오고 있어."

스퀼러는 동물들이 시끄럽게 농장 안을 돌아다니는 것을 보고, 황급히 다가와서 오리에게 물어 보았다. 오리가 가리키는 곳을 자세히 바라본 스퀼러는, 그만 웃음을 터뜨리고 말았다. 농장 안을 이리저리 뛰어다니느라 숨을 헉헉대던 오리는, 스퀼러가 웃는 소리에 그만 힘이 쭉 빠지고 말았다.

"아는 사람이야?"

"나폴레옹이 인간들과의 거래를 위해, 우리 일을 맡기려고 부른 사람이잖아. 휨퍼라는 변호사야."

"그랬구나. 우리들은 그것도 모르고……."

그 사이 오리와 스퀼러의 곁으로 다가온 동물들은, 낯선 사람이 다름 아닌 월요일마다 방문하기로 했던 휨퍼라는 사실을 알고는 이내 안도의 한숨을 내쉬었다.

"휴, 난 또 인간들이 쳐들어오는 줄 알고, 얼마나 무서웠는지 몰라."

"나도 마찬가지야."

휨퍼라는 사람은 콧수염을 살짝 구부려 올리고, 머리는 기름을 발라 뒤로 넘긴 키가 작은 사나이였다. 얼굴은 약삭빨라 보이고, 입가에는 교활한 미소가 넘쳐흘렀다.

"저 사람 인상이 별로 좋아 보이지 않아."

"동물 농장에 이로운 일을 할 사람 같지 않아 보이는데."

동물들이 저마다 한 마디씩 떠벌리자, 스퀼러는 별 걱정을 다 한다는 투로 이야기했다.

"그런 염려는 하지 않아도 돼. 우리의 우두머리인 나폴레옹이 다 알아서 할 테니까."

그러나 사실 동물들의 말대로 휨퍼는 욕심이 많은 교활한 인간이었다.

'동물 농장 안에 초대받은 사람은 나뿐이겠지. 동물들이 농장을 차지했다는 소식을 듣고, 언젠가 이런 날이 올 줄 알았어. 어차피 동물들도 모든 물건을 다 만들어 쓸 수는 없는 법이니까, 당연히 인간들과의 거래를 원할 거라는 사실을 말이야. 그 동안 내가 맡은 일이 별로 없어서 수입이 없었는데, 여기서 한몫 단단히 잡아야겠어.'

휨퍼는 자기 나름대로 이렇게 작정하고, 나폴레옹을 만나러 두 팔을 앞뒤로 기운차게 저으며 동물들 앞을 지나갔다. 그 후로도 휨퍼가 농장을 방문하는 날이면, 동물들은 무슨 일이 일어나지나 않을까 지레 걱정되었다.

"오늘 휨퍼가 다녀갔지?"

"그래, 오전에 왔다갔어. 나폴레옹과 무슨 이야기를 나누었는지 별로 기분 좋은 표정이 아니었어."

"나도 알아. 휨퍼는 이야기가 자신의 생각과 다르게 흘러가면, 애꿎은 콧수염만 만지작거리곤 하지."

농장의 하루는 큰일이 없이 그저 그렇게 흘러가기 때문에, 휨퍼가 농장을 찾는 날에는 모든 동물들의 화젯거리가 되곤 했다. 또, 그가 나폴레옹이 있는 숙소를 나와 농장 안을 가로질러 갈 때면 동물들은 길을 비켜 주며 그와 부딪히는 것을 되도록 피했다. 나폴레옹과 휨퍼가 만나는 횟수가 많아질수록, 동물들은 새로운 사실을 발견했다.

"오늘은 나폴레옹이 그렇게 멋져 보일 수가 없어!"

"갑자기 무슨 소리야?"

"글쎄, 내가 나폴레옹과 휨퍼가 만나는 장면을 몰래 지켜봤거든."

"그러다가 운영 위원회에 발각되면 어쩌려고?"

자랑스럽게 이야기를 꺼내려던 암탉이, 염소 뮤리엘의 말에 흠칫했다.

"그건 그렇고, 나폴레옹이 갑자기 괜찮아 보이는 이유는 뭐야?"

"아 참, 내 정신 좀 봐. 내가 살며시 엿본 것은 뭐냐 하면, 네 발인 나폴레옹이 두 발 달린 휨퍼에게 여러 가지 지시를 내리는 모습이었어. 그 동안 인간들에게 명령만 받아 온 우리들이, 감히 사람에게 지시를 내릴 수 있다니 얼마나 근사한 일이야?"

"와, 굉장한 일이야. 마치 내가 나폴레옹인 것처럼 흥분이 되는걸."

나폴레옹이 휨퍼와 대등하게, 아니 마치 아랫사람 부리듯이 이야기를 나누었다는 소리는 곧 농장 전체로 퍼져 나갔다.

그 후로는 휨퍼가 농장 안을 오락가락해도, 그를 피하거나 두려워하는 동물은 없었다. 동물들은 그것이 모두 나폴레옹 덕분이라고 생각했다. 인간과의 거래를 해선 안 된다는 결의는, 다시 거론되는 일이 없었다.

그와는 달리, 동물 농장은 인간들에게 점점 더 시기와 질투의 대상이 되어 가고 있었다. 시내에 모여 있는 사람들의 이야깃거리는 단연 동물 농장이었다. 술집에라도 모여 있으면, 사람들은 더 심하게 동물들을 욕하고 헐뜯었다.

"동물 농장이 생각보다 오래 버티는군."

"하지만 이제 얼마 안 남았어. 동물 주제에 무슨 풍차를 만든다고! 결국 그 일에 매달리다가 굶주림에 시달릴걸."

옆에서 술을 마시던 사람이 동물 농장의 새로운 소식을 전했다.

"그렇지 않을지도 몰라. 우리들이 얕보는 것보다 동물들은 훨씬 영리해. 휨퍼라는 변호사를 중개인으로 해서, 인간들과 거래를 시작했다고 하는군."

"뭐라고? 그게 정말이야?"

동물 농장을 험담하던 사람은 열린 입을 다물지 못했다.

"흥, 인간과 거래를 한다고 우리들이 순순히 받아들여 줄줄 알고? 어림없는 수작이야. 감히 인간들과 대등하게 행동하려 들다니……."

"그러게. 두고 봐야지, 동물들이 세운 풍차가 잘 돌아가는지 말이야. 하하하!"

사람들은 겉으로는 이렇게 동물들을 비웃고, 결국 망하게 되리라는 확신에 차 자신있게 그들을 비웃었다. 하지만 그건, 겉으로 나타난 허세일지도 몰랐다. 마음속으로는 대다수의 사람들이 동물 농장의 동물들에게 감탄하고 있었다.

'우둔한 동물들이 서로 싸움질을 하지 않고, 생각보다 농장을 잘 끌어 가고 있구나. 참 대단한 일이야.'

'어쩌면 그 동안 사람들이 너무 동물들을 탄압하고 함부로 대했는지

도 몰라. 인간들도 이 기회에 반성해 볼 필요가 있어.'

'아, 이러다간 정말 사람들이 동물들에게 영영 쫓겨나는 건 아닐까?'

사람들의 가슴속에는, 동물들에 대한 감탄과 두려움이 함께 자리잡고 있었다. 이제 농장 이름을 존스 시절의 '장원 농장'이라고 부르는 사람보다 '동물 농장'이라고 부르는 경우가 더 많았다. 그것은 웬만큼 동물 농장이 사람들의 인식 속에 자리잡혀 있다는 증거이기도 했다.

존스는 동물 농장을 다시 찾아가서 호되게 당하고 나오자, 얼굴을 들고 다닐 수가 없었다. 두 번씩이나 멍청한 동물들에게 당하다니, 더 이상 사람들을 볼 낯이 없어졌던 것이다. 주변 사람들도 이제는 존스의 이야기를 들어주거나, 그의 편을 드는 일을 하지 않았다.

'이제 여기서 지내는 것도 힘들구나. 나를 알아보는 사람이 없는 곳으로 자리를 옮겨서 다시 시작해 봐야겠다.'

결국 존스는 다른 곳으로 홀연히 떠나 버렸다. 아직까지 휨퍼 외에는 인간들과 직접 거래를 한 경우가 없는 동물 농장이, 조만간 폭스우드 농장과 핀치필드 농장 중에 어느 한 쪽과 거래를 할 거라는 소문이 나돌았다.

"소식 들었어? 나폴레옹이 곧 직접 인간들과 거래를 한다고 해."

"흠, 그 일이 우리에게 어떤 결과를 가져다 줄지 불안해."

"요새 나폴레옹이 필킹턴이나 프레드릭이 보내온 보고서를, 비교 검토하고 있는 중이니까 얼마 후면 결정이 날 거야."

"그거 참, 두 농장과 같이 거래를 안하겠다는 뜻인가?"

동물들 사이에서는 나폴레옹이 인간들을 상대로 벌이는 거래가 이해되지 않는 경우가 많았다.

인간들과의 거래를 한창 추진할 무렵이었다. 동물들 사이에서 놀랄 만한 소문이 떠돌았다.

"소문 들었어?"

"무슨 일이 있나?"

"나폴레옹과 운영 위원회를 맡고 있는 돼지들이, 존스가 살던 저택에 들어가 살기로 했다는군."

"그게 정말이야? 동물들은 사람들이 사는 곳에서 살아선 안 된다고 약속하지 않았나?"

"나도 이 일을 전해 듣고는 너무 놀라 아직도 가슴이 두근거려."

동물들은 이번 주 일요일에 정식으로 발표될 일이었지만, 그 동안 사용하던 나폴레옹의 짐들이 안채로 옮겨지는 것을 보고 미리 알아차렸던 것이다. 곧 정식으로 모인 자리에서 이 일은 동물들에게 일방적으로 전해졌다. 그들은 이젠 늘 하던 대로 회의를 하는 자리에서는 의견을 제시하는 일도, 불만을 토로하는 일도 없었다. 한 마디라도 입을 열었다간 스노볼이 그랬던 것처럼, 무시무시한 아홉 마리의 개들에게 당할 거라는 사실을 잘 알고 있었기 때문이다.

회의 끝에는 항상 스퀼러가 동물들 앞에 나타나서, 그들의 생각을 정리해 주거나 의심스러운 점을 대답해 주었다. 그래서 동물들은 스퀼러 앞에서 자유스럽게 이야기하는 것이 습관처럼 되어 버렸다.

"너희들, 또 웅성대고 있구나."

"스퀼러, 마침 잘 왔어. 동물들은 사람이 사는 집에서 살면 안 된다고 했는데, 어째서 나폴레옹이 안채로 이사를 하는 거지?"

"잘 들어 봐. 나폴레옹과 운영 위원회 돼지들은, 겉으로 보기에는 아무런 일도 하지 않는 것처럼 보이지만 사실은 그렇지 않아. 우리들을 위해 밤낮으로 머리를 굴리고 있어. 어떻게 해야 동물들이 좀더 나은 생활을 하고 잘살 수 있을까 하고 말이야. 그러려면 좀더 조용하고 편한 곳에서, 머리를 식히면서 일해야 하지 않겠니? 더구나 우두머리

격인 나폴레옹이 돼지우리에서 지낸다는 것은, 바깥 사람들 보기에도 별로 보기 좋은 일은 아니잖아. 휨퍼란 인간이 이곳을 드나들면서, 주변 사람들에게 이곳 사정을 떠벌리고 다닐 텐데 말야."

"네 말이 맞는 것도 같아."

스퀼러는 그것 보라는 듯이 코를 킁킁거리며, 꼬리를 살살 흔들면서 동물들 곁을 떠났다. 이제 동물들은 돼지들이 이전에 약속한 사실과 다른 일을 해도 그냥 지나쳐 버렸다.

"소식 들었어? 돼지들이 식탁에서 음식을 먹고, 거실에서 휴식을 취한 후에 침대에서 잠을 잔다지 뭐야."

"침대에서 잠을 잔다고? 그건 있을 수 없는 일이야!"

동물들은 이번 일은 그냥 지나칠 수 없다고 야단이었다.

"예전에 7계명 중에 분명히, 동물들은 침대를 사용해서는 안 된다는 규칙이 있었어. 너희들도 기억나지?"

"물론이야. 분명 스노볼이 사다리를 짚고 올라가서, 헛간 벽에 써 둔 내용 중에 들어 있어. 그 전에 사람들과 거래한다는 사실은, 문서로 써 놓지 않아서 어쩔 수가 없었지만 이번은 달라."

암말 클로버는 당치 않은 일에 흥분하여 날뛰었다. 하지만 복서는 가만히 자리를 지키고 있을 뿐 아무 말도 하지 않았다.

"복서, 너는 왜 가만히 있는 거니? 이번 일은 나폴레옹이 우리들과의 약속을 깨뜨린 확실한 증거가 있는데 말이야."

"나폴레옹은 늘 옳단 말이야. 난 이 일에 끼어들고 싶지 않아."

복서는 이 말만을 남긴 채 그 자리를 떠나 버렸다.

"자, 어서 헛간으로 가서 우리들의 규칙을 확인해 보기로 하자."

클로버는 동물들과 함께 규칙을 확인하기 위해 헛간으로 향했다. 확실한 증거를 나폴레옹과 돼지들에게 들이대기 위해서.

헛간의 타르 벽에서 스노볼이 정성스럽게 쓴 글자를 찾아, 한 글자씩 읽어 나가던 클로버는 주변을 둘러보았다.

"아, 뮤리엘! 거기 있었구나. 내가 글 읽는 것이 서투니까 네가 대신 좀 읽어 줄 수 있겠니? 부탁이야."

"알았어. 첫째 계명부터 읽을 테니까 잘 들어."

뮤리엘이 7계명을 읽으려 하자, 클로버는 발을 들어 멈추게 했다.

"잠깐, 여기 있는 것을 다 읽다 보면 결국 동물들에게 혼동이 올 수 있으니, 네가 미리 읽은 다음 우리에게 필요한 부분만 읽어줘."

"그래, 그게 좋겠다! 잠깐 기다려."

염소 뮤리엘이 벽 가까이 다가가서, 혼자 중얼거리며 7계명을 모두 읽어 내려갔다.

"흠, 우리가 알고 싶은 것은 네 번째야. 내가 크게 소리 내어 읽을 테니 잘 들어."

클로버와 동물들은 자신들의 기억이 맞다는 것을 확인하기 위해, 숨소리를 죽여 가며 뮤리엘의 입을 쳐다보았다.

"네 번째 계명에는, 동물들은 시트를 깐 침대에서 잠을 자면 안 된다라고 적혀 있어."

"뭐라고? 시트를 깐 침대라고?"

클로버는 말도 안 된다는 투로 투덜거렸다.

"그 전에는 분명 이런 말이 포함되어 있지 않았는데, 나만 잘못 알고 있었나?"

"글쎄. 여기에 그렇게 적혀 있는 걸 보면, 우리가 잘못 기억하고 있는 것도 같은데. 아, 뭐가 뭔지 모르겠어."

동물들은 다시 혼란스러워졌다. 이때 헛간 옆을 지나가던 스킬러가 이들을 발견하고는 헛간 안으로 들어왔다.

"여기서 무얼 하는 거야?"

"아, 스퀼러. 마침 잘 왔어. 요새 돼지들이 침대 생활을 한다는 소문이 들리던데 그게 사실이야?"

순간 당황한 스퀼러는 이내 안색을 바꾸어 천연덕스럽게 말했다.

"아, 그거. 벌써 알고 있었군. 너희들 말이 맞아, 침대 생활을 한 지 며칠 됐어. 하지만 그 일은 아무 문제가 되지 않아. 침대란 의미는, 우리들의 잠자리를 모두 이르는 말이 될 수 있어. 소들에게는 외양간에 깔아 놓은 짚이 그들의 침대가 될 수 있고, 말들에게는 마구간이 침대라고 할 수 있어. 우리가 정한 계명에는 분명, 시트를 사용하지 말라는 뜻이야. 돼지들도 그것을 지키기 위해 침대 위에 있는 시트를 다 걷어 내고, 담요를 사용하고 있어. 너희들의 상상대로 인간들이 쓰는 침대가 편안하고 좋긴 해. 머리를 쓰며 밤낮으로 일하는 돼지들에게, 그 정도의 혜택은 있어도 된다고 생각해. 피곤하고 지친 우리들이 푹 잠들 수 있도록, 침대를 사용하는 데 불만을 가진 동물은 설마 없겠지? 우리 돼지들이 조금만 방심하면, 존스가 다시 쳐들어올지도 몰라. 설마 그걸 원하는 동물은 없을 거야."

동물들은 다시 존스가 돌아올지도 모른다는 말에 긴장했다. 그리고는 돼지들이 영리한 머리를 굴리기 위해, 침대 정도는 사용해도 좋다고 허락했다. 다시 며칠이 흘러갔다. 벌써 해가 떴는데도 돼지들의 모습이 보이지 않았다.

"어떻게 된 일이야? 농장 안에 돼지들이 한 마리도 보이지 않으니?"

"이상할 거 없어. 앞으로 돼지들은 우리들보다 1시간 정도 더 잔다고 스퀼러가 이야기했어."

"그게 무슨 말이야?"

"존스가 돌아왔을 때 당하지 않을 방법을 연구하려면, 그 정도는 우리가 이해해야 할 것 같아."

"하긴, 돼지들이 쉬어야 좋은 방법들이 쏟아져 나올 테니까."

동물들은 이제 그들이 하는 일을 따지지 않고 이해하려고 애썼다.

이제 계절은 완연한 가을이었다.

아침 일찍 일어나 저녁 늦게까지 풍차 벽을 쌓느라 몹시 고달팠다. 하지만 동물들이 열심히 일한 대가가 눈앞에 쌓여 갈 때마다, 그들의 피곤함은 어느 새 가시고 흐뭇한 미소가 흘렀다.

그 동안 건초더미와 옥수수의 일부를 팔아 버린 터라, 겨울이 되면 식량이 부족할 거라는 생각은 들었지만 풍차의 건설이 그들에게 위안을 주었다.

"흠, 벌써 풍차의 벽을 반이나 쌓았어."

"언제 완성이 될까 했는데, 벌써 이만큼이나 쌓여 있는 풍차 벽을 보면 가슴이 뿌듯해."

동물들은 가끔씩 풍차 주위를 천천히 돌면서, 그들이 해낸 일을 자랑스럽게 여기며 행복해했다. 복서는 이제, 아침에 다른 동물들보다 45분 더 일찍 일어나는 정도가 아니었다. 좋은 날씨 탓에 노동 시간이 끝난 후에도 혼자 남아, 한두 시간 더 일하곤 했다.

"벤자민, 어때요? 당신도 저 풍차가 자랑스럽죠?"

"당나귀는 죽지 않고 오래 살아. 혹시 죽었다는 당나귀 이야기 들어 본 적 있어?"

혹시 어떤 동물이 지나가는 말로 이렇게 물으면, 벤자민은 알 수 없는 말을 지껄이곤 했다.

가을이 지나 어느덧 겨울로 접어들었다. 차가운 바람이 농장 안에 휘몰아쳤다.

"당분간 공사를 중단해야겠어. 기온이 너무 습해서 시멘트가 서로 달라붙지를 않아. 날이 좋아지는 대로 다시 시작해야겠어."

"할 수 없군."

좋지 않은 날씨가 여러 날이 되었다. 하루는 바람이 심하게 불어왔다.

"큰일났어. 아마 태풍이 온 모양이야."

"제발 풍차는 무사해야 할 텐데. 이 일을 어쩌면 좋지?"

동물들은 무시무시한 바람 소리에 벌벌 떨며, 밖으로 한 발자국도 나가지 못하고 축사 안에 모여 있었다.

"와장창!"

바람은 축사 건물을 마구 흔들 정도로 거세더니, 결국 헛간 지붕 위 기왓장을 날려 버렸다. 그들은 마음속으로 풍차가 가장 걱정되었지만, 세찬 비바람을 뚫고 그 곳으로 가 볼 용기가 나지 않았다.

'어서 비바람이 그쳤으면……'

이렇게 마음속으로 빌 뿐이었다. 무서운 밤이 지나고 아침이 밝아왔다. 농장 안은 언제 바람이 불었냐는 듯이 고요했다. 하지만 바람만 멈추었을 뿐 농장 안은 엉망이었다. 녹색 깃발을 달았던 깃대는 허리가 잘리고, 과수원 밑에 있던 느릅나무는 뿌리째 뽑혀 뒹굴고 있었다.

"어쩌면 좋아? 큰일이네."

"자, 어서 풍차가 있는 언덕으로 가 보자!"

동물들은 누가 먼저랄 것도 없이 서둘러, 그들의 피와 땀이 어린 풍차 건설 현장으로 가 보았다. 그들이 이 곳으로 오기 전에 혹시나 하고 상상하던 대로였다. 현장은 정말 비참했다.

"휴, 우린 이제 끝났어."

"그 동안 얼마나 정성과 노력을 들여왔는데……."

뚱뚱한 몸을 이끌고 허겁지겁 뒤따르던 나폴레옹이, 풍차 주위에 서 있던 다른 동물들을 밀치고 앞으로 나섰다.

"이런!"

잠자는 시간을 아껴 가며, 그 힘든 비탈길을 오르고 운반해서 쌓은 돌들이 사방으로 흩어져 엉망이 되었다. 동물들은 아무 말도 하지 않고, 가만히 그 참담한 현장을 바라볼 뿐이었다. 그들이 바라본 현장이 행여 꿈이기를 간절히 바라는 마음으로.

그 순간 나폴레옹이 앞으로 나서며 이리저리 코를 킁킁대며 돌아다녔다. 그리고는 꼬리를 쭉 펴고, 무슨 생각이 난 듯 그 자리에 멈춰 섰다.

"흠, 누가 이런 짓을 했는지 알겠어."

동물들은 나폴레옹이 중얼거리는 소리에 귀를 기울였다.

"내 추측이 틀림없어! 스노볼이 이렇게 한 거야! 스노볼이 내쫓긴 앙갚음으로, 우리의 피와 땀이 스민 풍차를 이 지경으로 만들어 놓은 거야. 날씨가 좋지 않은 날을 골라서 농장 안으로 몰래 들어와, 이런

짓을 해 놓았어."

기운이 다 빠져 버린 동물들은, 나폴레옹의 분노에 찬 말을 듣고는 어리둥절했다.

'설마, 스노볼이 우리에게 이런 짓을 할 리가?'

거센 바람 때문에 풍차가 부서진 것이라고 생각했던 동물들은, 나폴레옹의 의외의 말을 어떻게 받아들여야 할지 몰랐다.

"여러분! 스노볼은 우리의 적입니다. 그를 사형에 처할 것을 선서합니다. 그를 죽이는 동물은 제2동물영웅훈장을 수여하고, 사과를 앞으로 마음껏 먹도록 해 주겠소."

동물들은 강력하게 주장하는 나폴레옹으로 인해 스노볼이 풍차를 망가뜨렸다는 말을 더 이상 의심하지 않았다.

"이런 짓을 저지르다니, 도저히 참을 수 없어!"

"내 눈앞에 띄는 날에는 가만 두지 않겠어."

그들은 스노볼이 마치 이 근처에 있는 것처럼, 들으라는 듯이 큰 소리로 떠들어 댔다. 그 사이 나폴레옹의 얼굴에 야릇한 미소가 떠오르는 걸 본 동물은 없었다.

풍차가 무너지고 며칠이 지났다. 아직도 동물들 사이에서는 풍차가 부서진 당시에 대해 이야기를 나누곤 했다. 그러다가 스노볼의 이름이 나오면, 울분을 참지 못해 마구 욕을 해댔다.

"여러분! 새로운 소식이 있어요."

하늘 위를 빙글빙글 돌며 비둘기가 다급한 소리로 외치자, 동물들은 비둘기를 향해 몰려들었다.

"누가 쳐들어오기라도 한 거야?"

"풍차를 넘어뜨린 것이 스노볼의 짓이라는 확실한 증거가 나타났어. 어서 그 현장으로 가 보자."

비둘기의 안내를 받아 찾아간 곳은 풍차 건설 현장에서 얼마 떨어지지 않은 곳이었다. 그 곳에 돼지 발자국으로 짐작되는 발자국이, 여기저기 찍혀 있었다.

"여길 봐. 풍차 근처에서 저기 울타리 밑에 있는 구멍까지 발자국이 연결돼 있어. 조금 전 나폴레옹이 먼저 이 곳을 다녀갔어."

"그래, 이 발자국을 보고 뭐라고 했어?"

"응, 발자국에 코를 들이대고는 스노볼의 냄새가 틀림없다고 했어. 그리고 분명 폭스우드 농장에서 이 곳으로 왔을 거라고 추측했어."

이제 동물들은 스노볼의 짓임을 확신할 수 있었다. 그들이 분통을 터뜨리며 다시 농장 쪽으로 몰려왔을 때, 나폴레옹은 그 곳에서 동물들은 기다리고 있었다.

"잘 들으시오. 여러분들의 마음은 아마도 제 마음과 별반 다를 바가 없을 것이오. 하지만 우리는 다시 일어서야 하오. 이렇게 슬퍼만 하고 땅바닥에 주저앉을 수는 없는 노릇이오. 왜냐하면 스노볼이 멀리서 우리들을 지켜보며 비웃고 있기 때문이오. 우리들을 위해서만이 아니라, 스노볼에게 무언가 보여 주기 위해 지금이라도 당장 풍차 건설 작업을 시작해야만 하오. 여러분, 힘을 냅시다!"

"옳소! 스노볼에게 우리의 힘을 보여 줍시다!"

새로운 질서

본격적인 추위가 몰아치는 겨울이 닥쳐왔다. 큰 눈덩이가 하늘에서 쏟아지고 세상은 마치 얼어붙은 듯 추웠다.

동물 농장의 동물들은 무너진 풍차를 다시 세우기 위해, 전보다 더 열심히 일을 했다. 게다가 이 풍차가 무너진 소식이 사람들 사이에 알려지자, 비웃는 소리가 그들의 귀에 들려온 것이다.

"그럼 그렇지. 동물 주제에 무슨 풍차를 세운다고 난리야?"

"일전에 쫓겨난 돼지 한 마리가 일부러 무너뜨린 것이라던데?"

"말도 안 되는 소리야, 그건 그냥 지어 낸 헛소리일 뿐이야. 풍차 벽을 그렇게 얇게 쌓아서, 어디 세찬 비바람을 견뎌 내기나 하겠어?"

"아니, 자네는 풍차를 보지도 않고 어떻게 그리 잘 아는가?"

"이 사람, 동물 농장 안에 드나드는 인간이 한 명 있질 않은가. 그 사람에게서 살짝 얻어 들은 얘기야."

"아, 휨퍼라는 변호사 말이군."

사람들은 오랜만에 들려온 동물들의 고통스런 소식에 마음껏 웃어 대며 좋아라 했다.

동물들은 풍차가 무너진 이유가, 벽을 두껍게 쌓지 않아서 그런 것이라는 사람들의 말을 믿지도 않고 들으려고도 하지 않았다. 하지만 혹시나 하는 마음으로, 전보다 훨씬 더 두껍게 풍차 벽을 쌓았다. 그러기 위해선 더 많은 돌을 언덕으로 실어 날라야 했다.

날씨가 몹시 추웠지만 일을 그만둘 수가 없었다. 하지만 식량도 많이 남아 있지 않은 상태라, 배고픔과 추위는 그들의 굳은 마음을 흔들곤 했다. 그들에게 그래도 위안이 되는 것은 나폴레옹의 연설도 아니고, 스퀼러의 속삭임도 아니었다.

복서가 우직하게 일하는 모습이 그들에게는 많은 위안과 힘을 가져다주었다. 다시 해가 바뀌어 1월이 되었다. 그나마 먹던 밀도 거의 다 떨어진 상태였다.

"식량이 넉넉지 않으니 당분간 감자를 특별히 나눠 주겠다."

하지만 감자는 동물들에게 공급되지 않았다. 왜냐하면 풍차 건설에 온통 매달린 탓에, 저장을 잘 못해서 그만 거의 얼어 버리고 말았던 것이다. 동물들은 먹을 수 있는 것이라면 곡식의 껍질까지도 먹기 시작했다. 이 소식은 곧바로 인간들에게 알려졌다.

"자네 소식 들었나? 동물 농장 동물들이 식량이 바닥나서 거의 굶어 죽게 됐대. 힘센 동물은 약한 동물을 보는 대로 잡아먹고, 전염병이 돌아 아주 엉망이 되었다고 하더군."

"그래? 이제 동물 농장도 그만 끝을 내려는가 보군."

인간들은 다른 사람에게 이야기를 전할 때마다, 자신의 상상을 한 가지씩 추가하여 부풀려 말하곤 했다.

'안 되겠어. 이러다간 동물 농장이 인간들에게 짓밟히고 말 거야. 그렇지! 휨퍼를 이용하는 거야.'

나폴레옹은 농장 안의 어려운 식량 사정을, 외부에 알리지 않기 위해 휨퍼를 초대하기로 했다. 그 전에 양들에게는 몇 가지 교육을 시켜 두고, 식량 창고에는 가짜 상자를 만들도록 지시를 내렸다.

드디어 휨퍼가 농장 안에 나타났다. 양들은 나폴레옹에게 지시받은 대로 그의 곁에서 수다를 떨었다.

"아, 배불러! 요새 다시 배급받는 양이 늘어나 먹고 버릴 지경이야."

"그러게 말이야. 그 동안 저장해 두었던 감자까지 내일부터 준다고 하니, 식량이 남아도나 봐."

그리고 동물들은 우연을 가장해, 휨퍼를 곡식 창고로 데리고 갔다. 그곳에는 먹을 양식들로 꽉 차 있었다. 사실은 상자 안에 모래를 가득 채운 후에 곡식들을 상자 위에만 뿌려 놓은 것들이었다. 역시 나폴레옹의 추측이 맞아떨어졌다.

그 후로 동물 농장에 식량이 바닥났다는 이야기는 더 이상 들려오지 않았다.

그러나 농장 안의 식량 사정은 나아지지 않았다. 나폴레옹은 농장 안에 거의 모습을 드러내지 않았다.

일요일 아침에 하던 모임 역시 스퀼러에게 맡겨진 다음, 드디어 동물들이 예상했던 일이 터지고 말았다. 나폴레옹의 대변인을 맡은 스퀼러가, 동물들 앞에 나타나 전달 사항을 이야기했다.

"앞으로 매주 4백 개의 달걀을, 휨퍼를 통해 시장에 내놓기로 합의를 봤어. 달걀을 판 돈은, 앞으로 동물들의 식량으로 쓰일 밀가루와 곡식을 사들이는 데 쓰이게 될 거야."

암탉들은 꼬꼬댁 소리를 질러 대며 강력히 반발하고 나섰다.

"곧 병아리로 태어날 알들을 지금 내다 판다는 것은, 말도 안 되는 짓이야. 암탉의 자격으로 절대 그럴 수 없어."

암탉들은 곧 서까래 위에 올라가 알을 바닥으로 떨어뜨리며, 나폴레옹의 명령에 맞서 강력한 시위를 벌였다. 하지만 나폴레옹은 암탉들의 시위에 눈 하나 꿈쩍하지 않았다.

"동물 농장 모두가 어려운 시기를 슬기롭게 넘기기 위해서 결정한 일이다. 당연히 암탉들은 희생 정신을 가지고, 기쁜 마음으로 받아들여야 하는데 이렇게 난동을 부리다니. 선포하건대, 암탉들을 처벌하여 모든 동물들의 본보기가 되도록 하겠다!"

그는 이렇게 그 이유를 밝히고, 암탉들의 먹이를 즉시 중단할 것을 명령했다. 아홉 마리의 개들은 눈을 부릅뜨고, 다른 동물들이 암탉들에게 접근하지 못하도록 감시했다. 결국 암탉들은 며칠을 버티지를 못하고 항복하고 말았다. 그 뒤로 휨퍼의 지휘 아래 마차로 달걀을 실어나르곤 했다. 나중에 안 사실이지만, 이 일로 아홉 마리의 닭이 굶어 죽었다. 닭들은 기생충에 의해 죽은 것으로 처리되었다.

휨퍼는 동물 농장 안마당에 10년 전에 베어 놓은 너도밤나무가, 목재로서 훌륭하다며 이웃 농장들에게 팔 것을 권유했다. 나폴레옹은 필킹턴과 프레드릭 중 누구에게 팔 것인가를 고민하곤 했다.

봄이 되어 동물들이 축사 밖에서 생활하는 시간이 많아졌다. 요즘 들어 스노볼에 관한 소식이 자주 동물들의 귀에 들려왔다.

"스노볼이 우리가 잠들기를 기다렸다가, 농장 안으로 몰래 들어오곤 한다는군."

"그래, 나도 듣긴 했어. 우리가 애써 가꾼 농작물을 뭉개 버리거나, 우유와 알을 모두 쏟아 버리며 심술을 부린다고 들었어."

이제 동물들은 무슨 해괴한 일만 생기면, 모두 스노볼의 탓으로 돌리곤 했다. 갑자기 창문이 깨진다든지 창고 열쇠가 없어지면, 당연히 스노볼을 떠올렸다.

나폴레옹은 아홉 마리의 개들을 몰고 다니면서 농장 곳곳에서 스노볼의 냄새를 맡곤 했다. 무엇이든 안 되는 일은 스노볼이 한 짓이라고 떠들어 대어, 이젠 그의 이름만 들어도 공포에 떨었다. 마치 존스가 농장에 쳐들어온다는 이야기를 들었을 때처럼.

하루는 스퀼러가 동물들 앞에서 중대한 일을 발표했다.

"여러분! 스노볼이 지금 어디에 몸담고 있는 줄 아시나요? 바로 핀치필드 농장의 프레드릭 밑에 있다고 합니다. 그리고 더 놀라운 사실은 안채에서 찾아 낸 서류에서 발견된 내용인데, 스노볼은 바로 존스와 한패라고 합니다. 외양간 전투 당시를 상상해 보면, 스노볼이 어떻게 첩자 노릇을 했는지 잘 알 겁니다."

동물들은 난데없는 이야기에 정신을 차릴 수가 없었다. 만약 이 일이 사실이라면, 스노볼은 도저히 용서받지 못할 짓을 한 것이었다. 하지만 모든 동물들은 외양간 전투 당시, 스노볼이 첩자 노릇을 했다는 사실은 믿기 어려워했다. 스노볼은 자기 몸을 아끼지 않고 존스에게 달려들지 않았던가!

"스퀄러, 네가 뭘 잘못 알고 있는 것 같아. 외양간 전투 때, 이 두 눈으로 똑똑히 보았어. 스노볼은 용감히 싸웠고, 덕택에 훈장도 받지 않았어?"

복서는 스퀄러가 무얼 잘못 알고 있는 것이 아니냐는 투로, 앞으로 나서며 말했다.

"훈장을 수여한 것은 우리가 착각한 거였어."

"스노볼은 존스의 총에 죽을 뻔하기도 했는데, 그럼 그건 뭐지?"

"그게 바로 연극한 거라니까! 너희들을 속이기 위해서였어. 스노볼이 우리가 이기려는 순간 후퇴 명령을 내린 걸 기억해? 그게 바로 존스 일당에게 시간을 벌게 해 주려는 속셈이었어. 스노볼이 후퇴하고 있을 때 나폴레옹 지도자께서 용감히 나서서 존스를 물어뜯은 건 기억하고 있겠지?"

스퀄러는 되는 대로 지껄이면서, 혼자 흥분하여 이리저리 뛰어다녔다.

"그래, 스노볼이 그 때 후퇴 명령을 내린 것은 사실이지만, 그가 처음부터 첩자 노릇을 했다고는 생각되지 않아!"

복서는 자신의 생각을 주저없이 정확히 말했다.

"지도자 나폴레옹이 말하기를, 스노볼은 처음부터 존스의 스파이 노릇을 했다고 단호하게 말씀하셨어."

"아, 그래? 그렇다면 나폴레옹의 말이 맞을 거야."

복서의 두 가지 신조 중 하나가 나폴레옹의 말은 늘 옳다였기 때문에 더 이상 따지려 들지 않았다. 스퀄러는 대충 꿰어 놓은 말을 동물들에게 설명하느라 진땀을 뺐다. 그는 서둘러 자리를 뜨면서 강한 어조로 한 마디 던졌다.

"동물 농장 안에 스노볼이 심어 놓은 첩자가 있다고 하니, 모두 주의해 주기 바란다."

며칠 후, 나폴레옹은 농장 안에 있는 동물들을 마당으로 모이라고 했다. 곧 제1, 제2의 동물영웅훈장을 가슴에 단 나폴레옹이 어슬렁거리며 나타났다. 그 주위로 아홉 마리의 개들이 동물들을 위협하는 자세로 뒤따라 나오고 있었다. 잠시 침묵이 흐른 후, 나폴레옹은 개들을 향해 신호를 보냈다.

그러자 사나운 개들이 갑자기, 식용 돼지들의 귀를 사정없이 물어뜯었다. 돼지들은 고함을 치면서 울부짖었다.

피가 뚝뚝 떨어지자, 개들은 다시 복서를 한 번 쓱 쳐다보더니 공격하기 시작했다. 복서는 순간적으로 앞발을 들어 달려드는 개를 후려갈겼다. 그리고는 발 밑에 짓눌렀다. 다른 개들은 꼬리를 내리고, 뒤로 슬금슬금 물러났다. 복서가 나폴레옹을 쳐다보았다.

'그냥 놓아줘.'

나폴레옹의 마음을 눈치 챈 복서는 발을 들어 개를 풀어 주었다. 귀가 물린 네 마리의 돼지들은 어쩔 줄을 모르고 벌벌 떨고 있었다.

"자, 이곳에 모인 동물들 앞에서 너희들의 죄를 샅샅이 실토해라!"

"예, 다 말하겠습니다. 스노볼과 전부터 만나 왔으며, 근래 풍차를 무너뜨린 일을 도운 것도 우리들입니다. 그리고 스노볼은 예전부터 존스의 첩자 노릇을 해 왔다고 우리들에게 고백한 적이 있습니다."

마치 외워 두기라도 한 것처럼 술술 이야기하는 돼지들의 말이 끝나자마자, 사나운 개들이 잽싸게 달려들어 돼지들을 물어 죽였다. 나폴레옹은 다시 동물들을 향해 크게 소리쳤다.

"그동안 우리들을 속였던 동물들은 어서 앞으로 나와 실토해라!"

팔려 가는 달걀 때문에 시위 소동을 일으켰던 암탉들이 앞으로 나와서, 스노볼이 꿈에 나타나 나폴레옹에게 시위할 것을 권했다고 했다. 암

닭 세 마리가 역시, 개들에게 죽음을 당하고 말았다. 그 뒤를 이어 밀 이삭을 몇 개 훔쳐 먹었다고 하는 거위와, 우물에서 오줌을 누었다고 하는 양이 나타났다. 이 동물들은 모두 사나운 개에게 물려 죽고 말았다. 자신들의 죄를 다 이야기한 후, 결국 죽음을 당하는 일이 잠시 동안 반복되었다. 동물들 앞에는 동물들의 시체가 점점 쌓여 갔다.

이 일이 거의 끝나갈 무렵, 그곳에는 개들과 돼지들만 남았고, 다른 동물들은 모두 사라지고 말았다. 존스가 있던 시절에도 이만큼 무섭고 혐오스럽지는 않았다.

무시무시한 지옥을 방금 빠져 나오기라도 한 듯, 그들은 다시 축사로 돌아가고 싶지 않았다.

"우리 풍차가 있는 언덕으로 가 볼래?"

동물들의 마음을 눈치 채기라도 한 듯 클로버가 이렇게 물었다. 그들은 축 늘어진 어깨와 힘 빠진 네 발로, 반쯤 세워진 풍차가 있는 곳으로 향했다.

서로서로 기대 앉은 동물들, 즉 클로버, 뮤리엘, 벤자민, 소와 양들, 거위와 닭들은 아무 말도 하지 않았다. 조금 전까지 자신들이 본 광경을 상상하기조차 싫었다. 복서가 침묵을 깨고 조용히 말을 꺼냈다.

"우리가 원하는 농장 생활은 이런 게 아니야. 난 아직도 잘 모르겠어. 그래, 결심했어! 앞으로는 1시간씩 일찍 일어나는 수밖에 없어."

복서는 단단히 다짐을 한 후 수레에 돌을 실어, 풍차가 있는 곳으로 날랐다.

클로버와 동물들은, 언덕 위에서 내려다보이는 경치는 참 아름답다고 생각했다. 도로 쪽으로 길게 뻗은 목장, 건초밭, 굴뚝에서 내뿜는 연기와 빨간 농장의 지붕들은 새삼스럽게 그들을 사로잡았다.

클로버는 어느덧 지나간 날들을 떠올리며 몹시 우울해했다.

'메이저가 우리들에게 꿈 이야기를 들려준 지가 어제 같은데, 벌써 여러 해가 지났구나. 우리가 메이저의 연설에 힘입어 반란을 일으켰을 당시에 바랐던 일은, 오늘 같은 이런 모습들이 아니었는데. 동물들이 인간들의 굴레에서 벗어나 모두가 평등하고 평화롭게 생활하며, 약한 동물을 강한 동물이 보호해 주는 농장을 꿈꾸었지. 그런데 현재의 모습은 그렇지가 않아. 사나운 개들에게 모든 동물들이 자유롭게 말할 기회를 빼앗기고, 자신들의 죄를 고백한 후에는 죽음을 당하는 지경에까지 이르렀으니 말이야. 친구들이 죽어 가는 모습을 멀뚱히 쳐다보고도 아무 말도 할 수 없으니, 도대체 뭐가 어떻게 되어 가고 있는 건지 모르겠어. 하지만 존스가 농장 주인으로 있을 때보다는 지금이 좋아. 다시 인간들의 지배를 받고 싶진 않아. 그러기 위해선 나폴레옹에게 불만이 있더라도, 그가 시키는 대로 열심히 일하고 그의 명령을 따라야만 해. 그렇지만 앞으로도 이런 일이 계속된다면, 그때는 어떻게 해야 할지 모르겠어. 우리가 최선을 다해 풍차를 만들고, 존스가 다시 쳐들어 왔을 때 죽을 각오로 싸운 것은 이런 날을 위해 했던 것이 아니었는데.'

그녀는 괴로운 마음을 달래기 위해, 〈영국의 동물들〉이란 노래를 천천히 부르기 시작했다. 그와 함께 있던 동물들도 조용히 따라 불렀다.

처음에는 조용히 읊조리던 노래가 두 번, 세 번 횟수가 거듭될수록 점점 더 슬픈 곡조가 되어 가고 있었다. 그들이 노래에 심취해 있을 때, 언제 나타났는지 스퀼러가 사나운 개 몇 마리와 함께 그들 앞에 우뚝 서 있었다.

"잘 들어! 앞으로 〈영국의 동물들〉이란 노래를 부르다 걸리는 놈에게는 큰 벌이 내려질 거야. 나폴레옹 지도자의 특별 명령이니 잘 지키도록 해."

동물들은 노래를 멈추고, 무슨 소린가 싶어 스퀼러를 바라보았다.

"도대체 무슨 소리야? 이제까지 일요일 모임에서도 항상 이 노래를 불러왔었고, 주변 농장 동물들에게도 가르쳐 준 동물들의 노래잖아."

염소 뮤리엘은 가당치 않은 일이라고 반문하고 나섰다.

"이 노래는 반란을 위해 불렀던 노래야. 이미 반란도 끝이 났고, 조금 전 반역자들의 처형도 끝냈어. 즉, 안과 밖의 적을 모두 없애 버렸으니 이 노래는 더 이상 의미가 없어. 우리들이 원하던 사회가 바로 지금인데, 더 이상 무얼 바라겠어?"

동물들은 기가 막혀 잠시 동안 아무런 대꾸를 할 수가 없었다. 아니, 스퀼러처럼 자신 있게 말할 자신이 없었는지도 몰랐다. 클로버가 나서서 말도 안 되는 소리라고 불평을 하려던 찰나, 다시 양들이 앞에 늘어서서 그들만의 노래를 시끄럽게 불러 댔다.

"두 발은 나쁘다! 네 발은 좋다!"

동물들의 무자비한 처형이 있은 뒤로 〈영국의 동물들〉이란 노래는, 농장에서 사라지게 되었다. 그 대신 나폴레옹의 곁에 항상 따라다니는 미니무스란 돼지가 노래를 지었다.

동물 농장의 동물들이여!
농장 안의 동물들이여!
나를 따르라,
너희들을 영원히 지켜 주리라.

이 노래는 일요일 아침 모임을 갖기 전에, 〈영국의 동물들〉이란 노래 대신 불려지게 되었다.

"휴, 별로 부르고 싶지 않은 노래야."

"그러게. 별로 가슴이 뭉클한 느낌이 들지 않아."

뒷줄에 서 있던 동물들이 귀에 대고 속삭였다.

핀치필드 농장의 농간

이틀 정도가 지나자, 동물들은 어느 정도 마음을 가라앉힐 수 있었다.

"이봐, 자네 혹시 7계명 중에 모든 동물들은 다른 동물들을 죽여서는 안 된다는 내용을 기억하고 있지 않나?"

"맞아, 그런 조항이 있었던 것 같아. 오랫 동안 잊고 있었네……."

동물들은 그제야 기억이 난다는 듯이 맞장구를 치며, 이틀 전에 있었던 일이 잘못 됐음을 알아차렸다. 클로버는 벤자민에게 가서 부탁했다.

"며칠 전에 있었던 일은 아무래도, 7계명 중 여섯 번째 조항에 어긋난 일인 것 같아. 나와 함께 가서 그 계명을 좀 읽어 주겠어?"

당나귀 벤자민은 잠시 아무 말이 없었다.

"미안하지만 난 갈 수 없어. 이런 일에 끼어들고 싶지 않아."

클로버는 이번에도 염소 뮤리엘과 함께, 헛간 타르 벽에 쓰인 계명을 확인하기 위해 서둘렀다.

"흠, 여섯 번째 계명은 '동물들은 아무런 이유 없이 다른 동물들은 죽여서는 안 된다'라고 씌어 있어."

"우리들이 기억하고 있는 것과는 차이가 있어. 난 '무조건 죽여서는 안 된다'라고 알고 있는데, '아무런 이유 없이 죽여서는 안 된다'란 말이지?"

"그렇다면 며칠 전에 죽은 동물들은, 반역자 스노볼을 도와주었다는 합당한 이유가 있으니 아무런 문제가 될 게 없잖아."

동물들은 더 이상 아무런 불평 없이 일터로 향했다. 그들은 더 열심히 일을 했지만, 오히려 존스가 있던 때보다 먹을 것이 부족하다고 느꼈다. 스퀄러는 일요일이면 종이 뭉치를 들고 나타나서, 동물들이 듣거나 말거나 많은 숫자들을 열심히 읽곤 했다.

"자, 잘 들어. 그 동안 식량이 얼마나 증가했는지 숫자를 통해 알려줄 테니까. 음, 옥수수의 수확량은 존스가 있던 때보다 2백 퍼센트가 증가했고……."

대부분 식량이 많이 증가되었다는 통계 자료였다.

'치, 숫자만 커지면 뭘 해. 우린 배가 고파 죽겠는걸.'

나폴레옹은 동물들 앞에 모습을 드러내는 때가 거의 없었다. 대신 스퀄러가 지시 사항을 전달하거나, 궁금한 일들을 대신 이야기해 주곤 했다. 한 달에 한두 번 정도 나폴레옹이 농장 바깥으로 나올 때면, 아홉 마리의 개들과 더불어 나왔으며, 수탉 한 마리가 그의 출현을 알리려고 '꼬끼오!' 하고 울어 댔다.

그는 농장 저택 안에서도 다른 돼지들과 같은 방을 쓰지 않고 혼자 지냈으며, 식사를 할 때도 개들의 시중을 받으면서, 고급 사기 그릇을 사용했다.

동물 농장에서는 두 번의 기념일말고 또 한 번의 총소리가 울릴 때가 있었다. 바로 나폴레옹의 생일날이었다.

게다가 이제 아무도 나폴레옹의 이름을 함부로 부르지 못하게 했다. 그의 호칭은 '우리의 영웅 나폴레옹 동지'라는 말 외에도, '동물들의 아버지', '인간들의 공포', '양들의 친근한 보호자', '어린 새끼들의 친구' 등 여러 가지가 있었다.

여기에 스퀄러의 번지르르한 말솜씨와 갖은 표정이 한몫을 했다. 스퀄러는 나폴레옹의 연설 중간에 감동한 얼굴로, 눈물을 뚝뚝 흘리는 경우가 많았다. 그리고는 나폴레옹의 탁월한 지도력과, 너그러운 마음씨

를 입에 침이 마르도록 칭찬하며 돌아다녔다.

이런 소리를 반복해서 듣게 되자, 동물들도 이제는 정말 그런 것처럼 생각될 지경이었다. 이제는 농장 안에 좋은 일들은 모두 나폴레옹의 덕택으로 돌렸다.

"난 이번 주에 우리의 영웅 나폴레옹의 염려 덕분으로 알을 다섯 개나 낳았어. 다음 번엔 더 낳아 볼 작정이야."

암탉은 자랑스럽게 친구들에게 이야기했다.

"아, 물맛 좋다! 이 모든 게 다 나폴레옹 동지의 배려 덕분 아니겠어?"

암소들도 갈증난 목을 축이면서 떠들어 댔다. 미니무스는 〈나폴레옹 동지를 위하여〉란 시를 지어 동물들에게 읽어 주었다.

우리들의 영원한 친구
행복한 샘물의 주인
빛나는 하늘의 태양처럼
반짝이고 위엄 있는
당신의 눈을 바라볼 때마다
내 영혼은 새로워지네.

동물들이 바라는 것은
아낌없이 줄줄 아는 당신
배불리 먹게 해 주고
마음껏 뛰놀게 해 주면서
모든 것을 보살펴 주는
당신의 이름은, 나폴레옹!

어린 새끼들이 태어나면
그들이 성장하기 전부터
당신에게 충성할 것을
반복하여 가르쳐 주리라.
맨 처음 배우는 말은
나폴레옹 동지 만세!

미니무스가 바친 시를 읽어 본 나폴레옹은, 고개를 끄덕이며 흐뭇한 미소를 지었다.

"이 시를 헛간 7계명이 적혀 있는 반대쪽 벽에 써 넣도록 해라."

지시가 곧 내려지자, 스퀼러는 나폴레옹을 찬양한 시 구절과 함께, 그의 초상화도 함께 그려 넣었다.

예전부터 처분하려고 쌓아 두었던 목재는, 아직 어느 농장에 팔 것인지 결정하지 못하고 있었다. 두 농장에서 제시한 목재 가격이 적당하지 않았던 것이다. 게다가 핀치필드 농장의 프레드릭이 보호해 주고 있는 스노볼이, 다시 풍차를 부셔 버릴 계획을 세우고 있다는 소문이 나돌았다.

한여름 더위가 기승을 부리던 어느 날, 또 한 번의 처형이 있었다.

"암탉들이 스노볼의 지시를 받아 밤중에 몰래 저택 안으로 들어가서, 나폴레옹을 죽이려고 했다는군."

"세상에 그럴 수가!"

암탉들 네 마리가 모든 동물들이 지켜보는 가운데 처형되었다.

"요즘 저택 안의 경비가 삼엄하대. 밤마다 개들이 돌아가면서 나폴레옹의 침대 곁을, 두 눈을 부릅뜨고 지키고 있다고 하더군."

그뿐만이 아니었다. 핑크아이라는 어린 돼지는 나폴레옹이 식사를 하기 전에 미리 음식의 맛을 보는 임무를 맡고 있었다. 혹시라도 독이 들어 있을까 하는 염려 때문이었다.

이 무렵 팔기로 했던 목재는, 폭스우드 농장의 필킹턴에게 팔기로 결정했다. 그 외에도 동물 농장과 폭스우드 농장 간에는 앞으로 생산되는 생산물을 교환하기로 약속을 했다. 두 농장은 휨퍼를 통해서만 이야기가 오고갔지만, 그래도 전보다는 사이가 좋아졌다.

동물들은 필킹턴 역시 인간이라는 점이 탐탁치는 않았지만, 스노볼이 숨어 있는 프레드릭의 농장보다는 낫다고 여겼다.

여름이 끝나갈 즈음, 풍차는 이제 거의 완성 단계에 들어섰다. 그와 함께 인간들이 다시 농장을 침입할 거라는 소문이 떠돌았다.

"프레드릭이 총을 가진 젊은이 스무 명 정도를 데리고, 곧 동물 농장으로 쳐들어올 거라는 이야기가 있어. 약삭빠른 프레드릭이 경찰과 재판관들에게는 벌써 손을 써 놓았다고 하더군. 언젠가는 다시 쳐들어올 거라고 짐작은 했지만 걱정이야."

"그 정도로 단단히 준비를 하고 농장을 습격한다면, 지난번 외양간 전투 때보다 쉽게 끝날 것 같지 않은데."

동물들은 요즘 들어 좋지 않은 소식이 점점 가까이 들려오자, 잠을 이루지 못하는 날이 많아지곤 했다. 소문은 프레드릭이 얼마나 포악한 인간인가를 알려 주기에 충분했다.

"동물들을 학대하는 것은 존스보다 프레드릭이 훨씬 심한가 봐. 자신의 농장 안에 있는 늙고 병든 말을 쓸모가 없다며 때려 죽이고, 늙은 암소는 굶겨 죽였대. 게다가 자기 말을 안 듣는다고, 개를 아궁이에 던져 버렸다고 해."

"끔찍하기도 해라. 정말 프레드릭은 용서할 수 없는 인간이야."

"그런 인간은 혼을 내주어야 해. 당장 핀치필드 농장으로 쳐들어가서 동물들을 해방시켜 주고, 프레드릭을 잡아오도록 하자."

동물 농장 안의 동물들은 소리를 질러 대며 흥분하기 시작했다. 그 때 스퀼러가 나타나서 동물들을 진정시켰다.

"여러분, 조용히 마음을 가라앉히고 내 말 좀 들으시오. 지금 당장 핀치필드 농장으로 쳐들어간다는 것은 무리한 일이오. 나폴레옹 동지께서 다 알아서 할 테니, 모두들 각자의 일터로 돌아가시오."

하지만 갈수록 프레드릭에 대한 동물들의 심한 혐오감은 더해만 갔다. 나폴레옹은 동물들의 마음을 알아차리고 새로운 지시를 내렸다.

비둘기들에게 앞으로 거래하게 될 폭스우드 농장에는 가지 말라는 명령과 더불어, 인근 농장의 동물들을 선동할 때 '프레드릭을 없애 버리자!' 란 새로운 구호를 사용할 것을 교육시켰다.

동물들이 점점 예민해져 있을 무렵, 스노볼이 다시 농장 안으로 들어온 흔적을 찾아 냈다.

수확한 밀 속에 잡초가 더 많았는데, 그 이유는 스노볼이 밀 종자에 잡초 씨를 마구 섞어 놓고 사라졌기 때문이라는 것이다. 이 때문에 거위 한 마리가 스노볼과 내통했다는 이유로 처형되었다. 동물들이 침울한 기분으로 모여 있을 때, 스퀼러가 나타났다.

"반역자 스노볼은 언제나 이 곳에 나타날 수가 있으니, 주의하기 바란다. 내가 알고 있는 사실 하나를 이야기해 줄까? 우리들은 스노볼이 제1동물영웅훈장을 받았다고 기억할지도 몰라. 하지만 그건 사실이 아니야. 그는 외양간 전투 때 후퇴 명령을 내린 비겁한 돼지일 뿐이야. 너희들도 그렇게 생각하지?"

"글쎄. 이제 오래된 일이라 잘 기억나지 않아."

"난 너희들보다 머리가 좋으니 틀림없이 내 기억이 맞을 거야."

동물들은 스퀼러가 더 영리하다고 생각했기 때문에, 그의 이야기가 맞을 거라고 믿을 수밖에 없었다.

가을이 무르익을 무렵, 그렇게도 힘들고 어려웠던 풍차 건설이 마무리되었다. 농작물을 관리하는 일과 함께 해내느라, 정신이 없었던 적이 많았다. 풍차 안에 쓰일 기계는, 휨퍼와 조금 더 상의한 후에 사들일 작정이었다.

동물들은 그들 앞에 우뚝 세워진 풍차 건물만 봐도, 가슴이 뿌듯했다. 동물인 그들이 아무런 경험도 없이 무작정 시작한 풍차 건설은, 그 동안 스노볼의 침입으로 무너지는 큰일까지 겪으며, 이제야 완성된 것이다.

"아, 드디어 완성했다!"

"그래, 우리들이 모두 힘을 합쳐 이루어 낸 일이야."

동물들은 서로에게 수고했다는 말과 함께 풍차 주위를 빙빙 돌았다. 한 번의 실패를 거울 삼아 완성된 풍차는, 자신들이 봐도 훨씬 아름다웠다. 지난번 것보다 벽의 두께가 두 배나 두꺼워서, 어떤 비바람에도 끄덕 없을 거라는 자신감이 들었다.

"참 잘 만들었어. 이젠 절대로 쓰러지는 일은 없을 거야."

"그럼, 누군가 엄청난 무기로 폭파하지 않는 이상엔, 언제나 이대로 우리들 곁에 있을 거야."

동물들은 풍차의 날개를 설치한 후에, 발전기가 돌아가는 일까지도 상상해 보았다.

'이제 기계를 설치하면 풍차가 돌아가고 우리들은 그토록 바라던 지상 낙원을 볼 수 있어. 꿈에서만 가능한 일이 눈앞에 나타난다!'

'아, 앞으로 조금만 참으면, 안락한 생활을 직접 누릴 수 있을 거야.'

풍차 주위를 돌던 동물들은 한동안 그 곳을 떠날 줄을 몰랐다. 그들의 머릿속에는 지난날이 스쳐 지나갔고, 앞으로 올 미래가 눈앞에 아른거렸다. 복서 역시, 감회가 남다른 동물 중 하나였다.

'드디어 해냈구나. 무슨 일이든지 꾸준히 쉬지 않고 해 나가면 완성을 볼 수가 있다는 걸 다시 한 번 깨달았어.'

복서는 앞발을 들어 풍차의 벽을 살며시 쓸어내리고, 눈물을 흘렸다. 비탈길에서 미끄러지며 이빨을 악물던 일, 쓰러진 풍차 앞에서 남몰래 눈물을 흘렸던 일, 남보다 더 열심히 일하기 위해 자는 시간까지도 아끼며 작업했던 일들이 그의 머릿속에 떠올라 가슴이 미어졌다.

모든 동물들은 춤을 추며, 껑충껑충 뛰어다니며 즐거워했다. 그 사이로 개들의 호위를 받으며 나폴레옹이 나타났다. 그 역시 마음이 뿌듯한지 잠시 아무 말도 하지 않고, 풍차를 정신없이 바라다보았다.

"여러분, 그 동안 수고가 많았소. 우리는 대단한 일을 해낸 것이오. 인간들도 하기 힘든 풍차를 건설하는 사업을 완성했으니 말이오. 자, 앞으로 이 풍차는 '나폴레옹 풍차'라고 이름 붙일 것이오. 다 함께 만세를 부르고 오늘 하루는 쉬도록 합시다."

"나폴레옹 풍차 만세!"

동물들은 모두 목청껏 소리 높여 만세를 불렀다. 이틀 후, 농장 안에 있는 동물들은, 특별 회의를 위해 모이라는 전갈을 받고 모두들 헛간으로 모였다.

"우리가 가진 목재는 프레드릭에게 팔기로 결정했소. 내일부터 핀치필드 농장의 마차가 우리 농장으로 와서 목재를 운반해 갈 것이오."

나폴레옹의 전달 사항에 동물들은 처음에 자신들의 귀를 의심했다.

"이봐, 내가 잘못 들었나? 분명 프레드릭에게 목재를 팔았다고 발표했나?"

"글쎄 말이야. 나도 지금 내 귀가 잘못된 건가 하고 있던 중이야. 필킹턴이 아니라 프레드릭이라고 말한 것 같은데."

동물들은 예기치 못한 일에 서로를 바라보며 웅성거렸다. 스퀼러가 얼른 나서서 일의 경과를 설명했다.

"우리의 위대하신 나폴레옹 동지께서 결정하신 일로, 표면적으로는 필킹턴 쪽에 마음을 보이는 척하면서, 프레드릭과도 항상 거래를 할 여지를 남겨 두고 있었어. 동물 농장에 유리한 조건을 제시하는 농장에 목재를 팔기 위해 항상 준비를 해 두신 것이지. 그러다가 결국 프레드릭이 목재를 좋은 가격에 사겠다고 했기 때문에 그 쪽으로 결정을 내리셨어."

일의 전부를 듣고 난 동물들은 그제야 고개를 끄덕였다.

"과연 나폴레옹 동지야!"

"우리들을 위해 목재값을 좀더 받으려고 신경전을 벌였던 거군."

동물들은 나폴레옹의 영리함에 탄복하며 존경심마저 느꼈다. 비둘기들에게는 다른 지시 사항이 내려졌다. 핀치필드 농장의 동물들은 선동할 필요가 없으니 그 쪽으로는 날아가지 말라는 것과, 구호 역시 '필킹턴을 쳐부수자'로 바꾸라는 것이었다.

나폴레옹은 다시 동물들 앞에 나서서 연설을 했다.

"핀치필드 농장이 동물 농장으로 쳐들어올 것이라는 소문은 사실이 아님을 확인했소. 프레드릭은 이제 우리와 좋은 관계를 유지하고 싶다고 전해왔소. 그전에 떠돌던 핀치필드 농장에 대한 동물 학대 소문도 사실과 다르게 과장된 부분이 많았소. 여러분들은 이제 걱정하지 말고, 내 말만 잘 따르면 될 것이오."

그는 말을 마친 후 다시 저택 안으로 들어가 버렸다.

"그럼 일전에 떠돈 프레드릭에 대한 소문은, 대체 누가 만든 거야?"

"그 일은 내가 알고 있어."

동물들 주위로 스퀼러가 나타나 보충 설명을 해 주었다.

"그 소문을 퍼뜨린 동물은 다름 아닌 스노볼이야. 내가 알아본 바에 의하면, 스노볼은 그 동안 핀치필드 농장이 아닌 폭스우드 농장에서 지냈던 것 같아. 그 곳에서 필킹턴의 명령을 받으며, 그의 앞잡이 노릇을 하고 있다고 하더군."

스퀼러는 이렇게 말하며 다시 나폴레옹의 뛰어난 장사 수완을 동물들에게 들려주었다.

"휨퍼를 통해 프레드릭에게 필킹턴과 동물 농장의 사이가 가깝다는 것을 보여 주었어. 그래서 프레드릭은 동물 농장의 질 좋은 목재가 필킹턴에게 넘어갈까 봐 늘 불안해했어. 결과적으로 나폴레옹은 프레드릭에게 12파운드나 돈을 더 받고, 목재를 팔게 된 거야."

동물들은 스퀼러의 이야기를 듣고 환호성을 질렀다.

"만세! 나폴레옹 동지 만세!"

목재 값을 지불하는 방법도, 수표가 아닌 지폐로 지불할 것을 요구했다고 스퀼러가 덧붙여 말했다. 수표라는 것은 믿을 수가 없기 때문이었다. 프레드릭에게서 받은 돈은, 풍차에 들어갈 기계를 사고도 남을 만큼 충분했다.

날이 밝자, 돈 가방을 든 프레드릭이 마차와 함께 농장 안에 나타났다. 동물들은 이제 가끔씩 드나드는 사람들을 낯설어하지 않았다.

"아, 저 가방에 든 돈이면 풍차를 돌릴 기계를 살 수 있고, 곧 우리들의 생활은 달라지겠지."

프레드릭은 목재를 부지런히 실은 후, 농장 안을 빠져 나갔다. 동물들은 기쁜 얼굴로 헛간으로 몰려들었다.

"아, 저게 바로 우리의 행복을 가져다 줄 돈이란 것이군."

나폴레옹 바로 앞에 놓인 큰 접시 위에는, 종이로 된 돈 다발이 가득

놓여 있었다. 나폴레옹 역시 만족한 듯이, 흐뭇한 표정으로 바라보았다.

"자, 한 줄로 서서 가까이에서 돈을 구경해도 좋다!"

스퀼러 역시 동물들의 마음을 이해한다는 듯이 앞으로 나와 마음껏 돈 냄새를 맡아도 좋다고 허락했다.

동물들은 차례차례 정렬을 한 후, 사기 접시에 놓인 돈 냄새를 킁킁거리며 맡아 보았다. 그 냄새는 사실 향기로운 것은 아니었지만, 이 때만은 세상의 어떤 아름다운 것보다도 그들의 마음을 사로잡았다.

그들이 스쳐갈 때마다 돈은 팔랑거리며, 그들의 마음을 알기라도 하는 듯 대답을 해 주는 것 같았다. 그런데 그것도 잠시 동안의 행복이었다. 프레드릭이 목재를 실어 가고 나서 사흘이 지났을 때였다.

"비켜! 비켜!"

중개인 휨퍼가 뒤로 빗어넘긴 머리를 팔랑거리며, 자전거를 쌩쌩 달려 농장 안으로 들어오고 있었다. 그는 농장 안까지 자전거를 타고 와서는, 바쁘다는 듯이 급하게 자전거에서 내렸다. 그리고는 자전거를 땅바닥에 내동댕이치고는 부리나케 저택으로 들어갔다. 휨퍼가 자전거를 내팽개치는 바람에, 모이를 쪼고 있던 닭들은 깜짝 놀라 날갯짓을 하며 푸드득 날아올랐다.

"도대체 휨퍼가 왜 저렇게 서두르는 걸까?"

"조금 전에 농장 안으로 뛰어들어올 때 보니까, 얼굴이 하얗게 질려 있었어."

"맞아, 얼굴에 온통 땀 범벅이야. 저런 모습은 처음 보는걸."

암탉들은 무언가 심상치 않은 일이 벌어지고 있다는 걸 알아차렸다. 그들은 살며시 안채 뜰로 가서 서성거렸다.

"뭐라고? 그 돈이 모두 가짜라고?"

나폴레옹의 목소리가 마당까지 쩌렁쩌렁 울려 나왔다.

"너도 들었지? 우리가 목재를 팔아 번 돈이 모두 가짜라는 뜻이지?"

"응, 분명히 나폴레옹 지도자 동지가 그렇게 소리쳤어."

당황한 두 암탉은 어쩔 줄을 모르고, 이리저리 마당 안을 돌아다녔다. 이 사실은 잠시 후에 온 동물에게 전해졌다.

"세상에, 결국 목재는 거저 준 셈이 되었어."

"프레드릭이 위조 지폐를 사용해서 우리들을 속이다니, 어떻게 그런 짓을 할 수가 있어?"

"그 녀석을 그냥 놔 두어서는 안 돼!"

나폴레옹은 잠시 후, 동물들을 불러모아 놓고 분노에 찬 목소리로 연설을 시작했다.

"여러분, 이미 모든 사실을 들어서 잘 알고 있을 것이오. 프레드릭이 내 눈앞에 띄는 날엔 가만 두지 않을 것이오. 이것은 프레드릭이 우리에게 내리는 1차 경고일 것이오. 그는 분명히 질 좋은 목재보다 훨씬 탐나는 우리 농장을 노리고 침입해 올 것이 틀림없소. 지금부터 동물 농장은 전쟁을 할 준비를 철저히 해야 할 것이오. 프레드릭이 언제 쳐들어올지 모르니, 항상 마음을 느슨하게 해서는 안 되오."

나폴레옹은 엄한 목소리로, 동물들에게 경비를 철저히 해 줄 것을 명령했다. 곧 동물 농장의 곳곳에는 보초를 서기 시작했다. 비둘기들은 평화의 메시지를 입에 문 채, 폭스우드 농장에 파견되었다. 목재 사건 이후에 벌어진 관계를, 다시 회복하고 싶다는 뜻을 전하기 위해서였다.

농장 안이 온통 긴장감으로 가득한 가운데, 날이 훤하게 밝아왔다. 전보다 일찍 시작된 아침을 맞아, 서둘러 아침밥을 먹고 있었다. 이 때, 밖에서 보초병이 냅다 뛰어들어왔다.

"쳐들어왔어! 프레드릭과 일당들이 농장 문을 막 들어서고 있어!"

농장 문을 당당하게 밀치고 들어서는 프레드릭 일당을 상대하기 위해, 동물들은 용감하게 일어섰다. 그들은 외양간 전투 때처럼 허술하게 보이지 않았다. 상당수가 총이란 무기를 준비했고, 사람 수도 전보다 훨씬 많은 것 같았다.

"복서, 꽤 많아 보이는데 몇 명 정도야?"

"음, 열다섯 명쯤 되는 것 같아. 반 정도는 총을 가지고 있어."

프레드릭 일당은 동물들이 가까이 오자, 당황하는 기색도 없이 총을 들어 방아쇠를 마구 당겼다.

"탕! 탕탕!"

무서운 총소리와 함께 총알은 힘없는 동물의 몸에 명중되었고, 동물들은 대항할 틈도 없이 그 자리에 푹 고꾸라졌다. 동물들은 무섭게 쏘아 대는 총소리에 놀라, 뒤로 주춤주춤 물러나기 시작했다.

"뒤로 물러서지 마! 앞으로 돌격!"

나폴레옹은 동물들을 향해 있는 힘껏 소리를 질렀다. 복서도 뒤로 물러서지 않고, 동물들을 격려하며 인간들에 맞서 싸웠다.

하지만 총이란 무기 앞에서 그들은 무력할 수밖에 없었다. 많은 동물들이 넘어지고 죽었기 때문에 후퇴하는 수밖에 없었다.

"이 때를 놓치지 말고 동물들을 혼내 주자!"

프레드릭 일당은 오늘 완전히 일을 끝내려는 듯이, 두 눈을 부릅뜨고 점점 앞으로 다가왔다. 동물들은 이제 각자 흩어져서 창고와 헛간, 축사로 숨어들어 눈만 내놓고는 밖을 내다보고 있었다.

나폴레옹도 이젠 어쩔 수가 없다는 듯 불안한 표정으로 안절부절못했다.

'아, 폭스우드 농장의 필킹턴만 우리 편이 되어 도와준다면……'

이젠 믿을 데라곤 폭스우드 농장밖에 없었다. 그들만 우리를 도와준다면, 이 전투에서 반드시 승리할 수 있을 것이라 믿었다.

그 때였다. 필킹턴의 농장에서 네 마리의 비둘기가 동물 농장으로 날아오는 것이 멀리서 보였다.

'제발, 좋은 소식이었으면 좋으련만.'

마음속으로 간절히 바라며, 나폴레옹은 비둘기가 전해 준 편지를 서둘러 펼쳐 들었다.

'흥, 꼴 좋다!'

필킹턴은 간단하게 그렇게 적어 놓았다.

"이런, 나쁜 녀석!"

들고 있던 편지를 찢어 버린 나폴레옹은, 프레드릭 일당이 하는 꼴을 문 안에서 지켜보고 있었다. 프레드릭 일당은 동물들이 모두 어디론가 숨어 버리자 풍차 쪽에서 어슬렁대고 있었다.

'혹시 풍차를 건드리려는 건 아니겠지?'

동물들은 숨을 죽여 가며, 그들이 하려는 짓을 망연히 바라볼 뿐이었다. 하지만 풍차만은 건드리지 말았으면 하는 바람은 곧 깨지고 말았다. 프레드릭 일당 중 두 사람이 지렛대와 큰 망치를 꺼내 들었다.

"앗! 정말 풍차를 부수려고 하나 봐?"

밖에서 하는 일을 뚫어져라 쳐다보고 있던 동물들은 소스라치게 놀라고 말았다. 이제까지 그들이 있는 힘을 다해 쌓아 놓은 풍차를 부수려고 하다니 하늘이 무너질 노릇이었다.

"걱정할 필요 없어! 풍차는 무너지지 않을 거야. 처음보다 벽을 훨씬 두껍게 쌓았기 때문에 망치 따위로는 어림도 없어."

나폴레옹은 저들이 풍차에 손을 대지 못할 것이라고 확신했다. 동물들은 나폴레옹의 말에 한편으로는 안심했다.

그러나 당나귀 벤자민은 꼼짝 않고 그들의 움직임을 하나하나 놓치지 않고 여전히 바라보고 있었다. 마치 저들의 움직임이, 동물들이 보고 있는 전부가 아니라는 것을 알고 있는 눈치였다.

"역시 내 추측이 맞았어."

그들은 망치와 지렛대를 이용하여 풍차 바로 밑을 파기 시작했다.

"자, 다시 잘 봐. 저들은 망치를 이용하여 풍차를 부수려는 게 아니야. 풍차 바로 밑에 구멍을 내서 폭약을 집어넣으려는 중이야."

"뭐라고! 그게 정말이야?"

그제야 동물들은 앞다투어 풍차가 있는 곳을 내다보려고 웅성거렸다. 벤자민의 말대로 그들은 구멍을 뚫은 뒤 무엇인가를 땅에 묻었다.

"아, 이 일을 어쩌면 좋아!"

"이제 모든 게 끝났어! 우리의 희망은 잠시 후면 사라지게 될 거야."

동물들은 이제 어쩔 수가 없었다. 마음 같아서는 당장이라도 달려나가, 풍차를 부수는 일을 그만두라고 애원하며 매달리고 싶었지만 그럴 수가 없었다. 폭약을 장치한 일당은 멀리 뛰기 시작했다. 다음 순간 하늘이 진동하듯 굉장한 소리가 농장 안을 흔들었다.

"꽝!"

모든 동물들은 귀를 틀어막고 땅바닥에 주저앉았다. 다음 장면은 될 수 있으면 보고 싶지 않았다.

곧 사방이 조용해지고 동물들이 하나 둘씩 일어나서 문 쪽으로 걸음을 옮겼다. 정말 보고 싶지 않았지만, 혹시나 그 자리에 있어 주기를 간절히 바라는 마음뿐이었다.

"연기가 자욱해서 아직 풍차의 모습이 잘 보이질 않아."

"아, 제발……."

마음이 약한 동물들은 밖을 내다볼 자신이 없어서, 헛간 구석에 웅크리고 앉아 친구들의 말만 귀로 들었다. 잠시 후, 연기가 바람에 날려 어디론가 사라졌다. 그런데 이게 어찌된 일인가.

"오, 맙소사……."

그들이 그토록 애써왔던 풍차는 온데간데없이 사라져, 그 형체도 보이지 않았다. 이제 동물들의 꿈도 물거품처럼 사라지고 만 것이다.

문틈을 통해 내다본 동물들의 울분은 분노로 바뀌어 가고 있었다. 그들에게 이제 남은 것은 아무것도 없었다. 인간들에게 아무런 해를 끼친 것이 없는데, 인간들은 자신들의 마지막 희망이었던 풍차까지도 깨끗이 날려 버린 것이다.

'도저히 참을 수가 없어!'

모든 동물들은 떠들어 대지는 않았지만, 모두들 이렇게 생각하고 있었다.

"프레드릭을 가만 놔 둘 수 없어! 우리에게서 모든 걸 **빼앗아** 간 저들을 용서할 수 없어!"

이제 그들은 누구의 명령에 따라 움직이는 동물들이 아니었다. 자신들의 소중한 희망을 **빼앗긴** 데 대해 그들은 분노했고, 사람들을 향해 일제히 공격했다. 사람들은 갑자기 미친 듯이 달려드는 동물들을 보고 놀랐지만, 이내 방아쇠를 잡아당겼다. 그러나 이제 동물들은 총알을 무서워하지 않았다. 총알이 아무리 무섭게 날아와도 그들은 한발자국도 뒤로 물러서지 않았다.

싸움은 치열했다. 동물 쪽에서는 암소 한 마리, 양 세 마리와 거위 두 마리가 총에 맞아 죽었다. 나머지도 몸이 성한 동물이 없었다. 뒤에서 동물들을 격려하던 나폴레옹 역시, 프레드릭 일당이 쏜 총에 맞아 꼬리가 잘리고 말았다.

사람들도 부상자가 많았다. 복서의 발길질에 세 사람이 머리에 큰 상처를 입었고, 암소의 머리에 배를 찔린 사람도 있었다. 몇 명은 개들에게 바지를 찢겼다. 나폴레옹은 아홉 마리 개에게 지시를 내렸다.

"너희들은 울타리 쪽에서 사람들을 공격해 들어와!"

아홉 마리의 호위병들은 나폴레옹의 지시대로 울타리 쪽에서 잠복해 있다가, 동물들의 무서운 기세에 눌려 뒤로 물러나는 사람들을 기다렸다는 듯이 에워쌌다.

"안 되겠다. 이러다간 동물들에게 갇히는 꼴이 되겠어. 후퇴하라!"

후퇴 명령이 떨어지자 사람들은 아홉 마리 개들의 눈치를 보며, 뒷걸음질을 치기 시작했다. 본격적으로 농장 입구를 향해 뛰어가는 사람들을, 동물들은 끝까지 따라갔다. 풍차를 무너뜨린 원수를 한 번이라도 더 물어뜯기 위해서.

프레드릭 일당은, 가시나무 울타리 사이로 서로 먼저 나가겠다고 잡아당기며 애를 썼다. 동물들은 인간들이 농장 안을 다 빠져 나간 것을 지켜보고나서야 뒤돌아섰다.

결국, 동물들의 승리였다. 하지만 그들은 외양간 전투 때처럼 만세를 부르며 좋아할 수가 없었다. 그들은 잃은 게 너무 많았다. 농장 안을 가로지르던 그들의 눈에 띈 것은, 무참하게 죽은 친구들의 모습이었다. 그들 모두의 눈가엔 눈물이 맺혀 있었다.

어느 누구랄 것도 없이 그들은 풍차가 있던 언덕으로 가 보았다. 풍차는 축사에서 내다봤던 것처럼, 그 모습을 찾아볼 수 없을 정도로 폭삭 주저앉았다.

처음에 풍차가 무너졌을 때와 지금은 달랐다. 그 때는 무너진 돌들을 다시 쌓으면 됐지만, 이번엔 그렇지가 못했다. 돌은 사방으로 날아가 버려서 흔적을 찾을 수가 없었던 것이다. 우울한 마음에 한동안 그들은 그 곳을 떠나지 못했다.

'이제 모든 게 끝난 거야. 앞으로 우리들은 무얼 바라보며 살아야 하는 건지 모르겠어. 다시 풍차를 세울 엄두가 나지 않아.'

동물들은 발걸음도 무겁게 뒤돌아서 농장 안으로 돌아왔다. 안마당에 들어섰을 때 제일 먼저 마주친 것은 스퀼러였다.

스퀼러가 그들 곁으로 뛰어옴과 동시에 깃발이 꽂혀 있는 곳에서 한 발의 총소리가 크게 울려왔다.

"탕!"

그들은 깜짝 놀라 주변을 두리번거렸다.

"이게 무슨 소리야? 아직도 인간들이 농장 안에 남아 있었던 거야?"

"그게 아니야. 저건 돼지들이 쏜 총소리야."

"그래. 그런데 기념일도 아닌데 왜 총을 쏘는 거지?"

"조금 전에 싸운 전투에서 우리가 거둔 승리를 축하하기 위해서지."

스퀼러가 당연하다는 투로 아무렇지 않게 이야기하자, 복서가 나서서 물었다.

"승리를 축하하다니?"

복서는 이번 전투에서 몸을 많이 다쳤다. 무릎에서는 아직도 피가 흘렀고, 뒷다리에는 많은 총알이 박혀 있었다.

"뭘 그리 놀라지? 조금 전까지 남아 있던 적들을 우리 농장에서 쫓아내고 승리를 거두었잖아."

"그렇지 않아. 우리의 꿈인 풍차를 잃었어. 오랜 세월 동안 땀을 흘리며 완성한 결실을 저들이 부수어 버렸잖아."

"복서, 지금 내 말을 알아듣지 못하는군. 풍차야 얼마든지 다시 만들 수 있다. 조금 전까지 우린 이 농장을 적들에게 빼앗겼잖아. 그런데 나폴레옹 지도자 동지의 지휘 덕분에, 우린 이곳을 다시 찾은 거란 말이다. 농장을 다시 찾은 것에 비하면, 풍차가 없어진 것쯤이야 뭐 어때? 천천히 다시 튼튼하게 만들면 되지. 우린 큰 승리를 거두었으니 총을 쏘아 축하해야지."

스퀼러는 복서의 생각이 잘못되었다며, 장황하게 말했다.

"그렇군. 조금 전까지 잃어버렸던 것을 지금 되찾았으니, 우리가 승리한 게 틀림없어!"

복서는 총에 맞은 상처가 몹시 아팠기 때문에, 스퀼러의 말에 더 이상 반발하지 않았다.

'그래, 다시 시작하는 거야. 내가 좀 더 일을 하면 돼.'

이렇게 다짐을 했지만, 복서의 몸도 기운이 떨어져 예전의 모습이 아니었다. 그도 이젠 열한 살의 나이였기 때문에, 새삼스럽게 풍차를 건설해야 한다는 것이 전처럼 쉽게 느껴지지 않았다.

곧 마당으로 모이라는 나폴레옹의 소집 명령에 따라 동물들은 다리를 절룩거리며 모여들었다. 그들이 거의 모였을 때, 깃발이 올라가고 일곱 발의 총성이 울렸다.

"수고가 많았소. 이번 전투에서도 자신들의 몸을 돌보지 않고, 싸웠기 때문에 큰 승리를 거둘 수 있었소. 하마터면 빼앗길 뻔했던 우리들의 보금자리를 다시 찾게 되었으니, 얼마나 다행스런 일이오. 앞으로도 이런 자세로 농장을 지켜주기 바라오."

동물들은 나폴레옹의 연설을 듣는 동안, 이번 전투에서 자신들이 마치 큰 승리를 거둔 것처럼 자랑스러웠다.

'우리가 정말 장한 일을 해냈구나.'

나폴레옹은 풍차가 없어진 부분에 대해서는 한 마디도 꺼내지 않았다. 마치 그런 일은 일어나지도 않았던 것처럼 말이다. 그래서 동물들은 조금 전의 우울했던 생각들을 날려 버리고, 아픈 몸을 이끌고 그나마 웃음을 되찾을 수 있었다.

이번 전투에서 목숨을 잃은 동물들을 위해 장례식이 치러졌다. 복서와 클로버가 마차를 끌고, 나폴레옹은 장례 행렬의 맨 앞에 자리했다.

대단한 승리를 축하하기 위해 잔치가 연이어 벌어졌다. 동물들의 합창과 축포가 울려 퍼지고, 동물들에게 상으로 사과 한 개씩이 배급되었다. 새들에게는 밀을 나누어 주고, 개들에게는 비스킷 몇 개가 주어졌다.

나폴레옹은 이번 전투를 '풍차 전투'라고 부를 것을 동물들에게 알리고, '녹색기 훈장'이라는 새로운 훈장을 만들어 자신에게 수여했다.

이렇게 떠들썩한 가운데 목재 값으로 받은 위조 지폐 사건은, 동물들의 뇌리에서 사라지고 말았다.

그 후 돼지들은 저택 지하에서 우연히 위스키 한 상자를 발견했다. 그날 밤 저택 안에서는 노랫소리가 그치지 않았다. 아홉 시쯤에는 웬 중절모를 쓴 돼지 한 마리가, 이리 비틀 저리 비틀대며 마당 안을 휘젓고 다녔다. 나중에 알려진 바로는, 그가 바로 나폴레옹이었다고 한다.

그 다음 날, 날이 훤하도록 농장 안에는 돼지가 한 마리도 보이지 않았다. 다시 한 시간쯤 지나자, 스퀼러가 흰자위가 풀린 눈으로 동물들 앞에 나타났다.

"사실은 나폴레옹 지도자 동지가 오래 살지 못할 것 같다."

동물들은 난데없는 소식에 그만 망연자실할 뿐이었다.

"앞으로 우리는 어떻게 되는 거야?"

"나폴레옹 동지가 없이는 우리는 하루도 살 수가 없어."

그들은 나폴레옹이 어서 기운을 회복하기를 간절히 바랄 뿐이었다. 정오가 다 되어가자, 다시 저택 문을 열고 스퀼러가 나타났다.

"나폴레옹 동지께서 너희들에게 전달한 사항이다. 술 마시는 자는 엄벌에 처한다고 했으니 잘 지켜 주기 바란다."

"지도자 동지의 몸은 좀 괜찮아진 거야?"

"아직 회복할 기미가 보이지 않는다."

다음 날, 스퀼러는 나폴레옹이 무서운 병에서 점점 나아지고 있다고 알려왔다.

"휴, 정말 다행이야."

동물들은 마음을 쓰다듬으며 다시 노동을 하기 위해 일터로 나갔다. 몸이 거의 회복되어 가자 나폴레옹은, 휨퍼를 불러서 술을 담그는 방법이 나온 책들을 구입해 줄 것을 은밀히 부탁했다. 그 후로 나폴레옹은 무슨 마음을 먹었는지, 과수원 너머의 작은 땅을 갈아 두라고 동물들에게 일렀다.

"무슨 일로 이 곳을 갈라는 걸까? 여기는 나중에 더 이상 일을 할 수 없는 동물들을 위해, 마지막 휴식처로 남겨 놓았던 곳인데."

"스퀼러의 말대로라면 그냥 버려 두면, 땅이 쓸모가 없게 되니 씨앗을 뿌려 줘야 한다고 했어."

이렇게 해서 작은 땅에는 다름 아닌 보리씨가 뿌려졌다. 그것은 술을 담그기 위한 것이었다. 그 일 후로도 가끔 생각지도 않은 일들이, 농장 안에서 종종 벌어지곤 했다. 한 번은 밤 열두 시쯤이었다.

모두가 잠이 들어 고요한 밤에 동물들을 깨우는 큰 소리가 들려왔다.

"쿵! 와지작!"

"아니, 이게 무슨 소리야? 헛간에서 나는 소리 같은데."

동물들은 혹시 인간들이 몰래 들어온 것이 아닌가 싶어 조심스럽게 헛간 쪽으로 가 보았다.

"아니, 스퀼러 아니야?"

헛간 벽 아래 스퀼러는 납작하게 엎어져 있었고, 그 옆으로 등과 페인트 통 등이 널려져 있었다. 스퀼러는 몰려든 동물들을 보고, 얼굴을 찡그리며 일어났다.

"아무 일도 아니야."

그는 이렇게 간단히 말한 후 그 자리를 떠나 버렸다. 동물들은 무슨 영문인지 몰라 서로의 얼굴만 멀뚱히 바라보았다.

그러나 벤자민은 이 일에 대해 무엇인가 알고 있다는 듯이 고개를 끄덕였다. 그로부터 며칠 후 염소 뮤리엘은 혼자 헛간을 찾았다.

'아무래도 스퀼러가 헛간에서 무언가 일을 꾸민 것 같아. 혹시?'

뮤리엘은 머리를 들어 헛간 벽에 쓰인 계명을 천천히 읽어 내려갔다. "역시 그랬구나. 다섯 번째 계명이 전과 달라진 게 틀림없어. 전에는 '모든 동물은 술을 마셔서는 안 된다' 라고 써 있었는데, 지금은 '모든 동물은 술을 너무 많이 마시면 안 된다' 라고 바뀌었어."

그는 혼자서 긴 한숨을 내쉬었다.

복서의 마지막

풍차 전투 때 부상당한 복서의 발굽은 잘 낫지 않았다. 축하 잔치가 끝난 다음 날부터 동물들은 일을 해야 했다. 복서 역시, 다른 동물들보다 더 열심히 일에 매달렸지만 상처 때문에 고통이 심했다.

"클로버, 발굽 때문에 일하는 것이 몹시 고통스러워."

"그러기에 내가 뭐라고 했어? 몸을 돌보아 가면서 일을 해야 한다고 그랬잖아."

"하지만 풍차 건설이 완성되는 것을 보지 못하고, 이대로 주저앉을 수는 없어."

복서는 일을 쉬라는 클로버의 말을 듣지 않았다. 동물 농장의 법률에는 동물들의 은퇴 나이가 정해져 있다. 말과 돼지는 열두 살, 암소는 열네 살, 개는 아홉 살, 양은 일곱 살, 암탉과 거위는 다섯 살로 정해져 있으며, 연금도 충분히 지급되는 것으로 알고 있었다.

하지만 농장 안의 동물들 중에, 그런 혜택을 받고 있는 동물은 한 마리도 없었다. 요즘 들어 노후의 문제가 동물들 사이에서 자주 거론되었다. 목장의 한 구석을 울타리로 둘러친 후에, 나이든 동물들의 휴식처로 사용할 것이라는 이야기가 저택 안에서 흘러나왔다. 게다가 연금은 나이든 말의 경우 옥수수 5파운드에 건초 15파운드와 더불어, 기념일에는 사과나 당근 중 한 개를 받을 수 있다고 했다.

복서는 내년이면 이러한 혜택을 받을 수 있다고 생각했기 때문에, 올해는 어떡하든지 풍차 건설에 도움이 되고자 했다. 이번 겨울도 몹시 추웠다. 동물들에게 배급되던 식량도 줄어들어, 늘 배고픔에 시달려야 했다. 그러나 돼지들과 개들은 예전과 똑같이 먹고 있었다. 동물들이 식량 사정을 불평하는 소리가 들리면, 스퀼러가 숫자를 들고 나와 설명을 하곤 했다.

"존스 시절과 비교하면 지금이 훨씬 더 낫다. 건초와 귀리도 전보다 많이 먹을 수 있고, 일하는 시간이 짧아졌으며 수명이 길어졌다. 게다가 새끼들의 생존율이 높아졌고, 환경도 훨씬 깨끗해졌는데 무슨 불평들이 그렇게 많은가!"

그들은 이제 시간이 많이 흘렀기 때문에, 존스 시절이 어떠했는지 기억나지 않았다. 그저 스퀼러의 말이 맞겠거니 하고 단정지어 버렸다.

"우리가 항상 잊지 말아야 할 것은, 전에는 인간들이 우리들의 주인이었지만 지금 우리는 자유의 몸이라는 사실이야."

스퀼러는 끝으로 이 말을 동물들에게 상기시켰다.

가을로 접어들 즈음에 네 마리의 암퇘지가, 서른한 마리나 되는 새끼를 낳았다. 돼지 새끼들의 아버지는 다름 아닌 나폴레옹이었다. 새끼 돼지들을 교육시키기 위해, 안마당에 교실을 지을 거라는 소문이 들려왔다. 교실이 지어질 동안, 나폴레옹이 안채에서 직접 교육을 시켰다.

나폴레옹은 돼지들에게 다른 동물과 어울리지 말 것을 살짝 귀띔했다. 게다가 농장 안에서 돼지들을 만나면, 먼저 길을 비켜 줘야 한다는 규정이 정해지게 되었다. 일요일 아침이 되면 돼지들은 꼬리에 리본을 달고 회의에 참석했다.

이번에 수확한 농작물은 작년에 비하면 풍요로웠다.

"올해는 수확량이 작년보다 훨씬 좋아졌으니 배고플 걱정은 없겠지."

"글쎄, 그렇게 될까? 농장 안에 쓸 돈이 꽤 많은 것 같은데."

새끼 돼지들의 교실을 짓기 위한 자금, 풍차의 기계를 사기 위한 돈, 게다가 나폴레옹과 운영 위원회가 사용하는 물건들을 사는 데 많은 돈이 필요했다. 그 외에도 등잔 기름, 양초, 설탕, 못, 철사, 쇳조각 등 여러 가지가 있었다.

농장에서는 건초와 감자 약간을 내다 팔고, 달걀은 매주 600개씩 팔기로 했다. 암탉들은 병아리들의 수를 늘릴 생각은 꿈도 꾸지 못했다. 그러나 식량 배급양은 점점 줄어만 갔다.

새해가 되어 식량은 다시 한 번 더 줄어들게 되었고, 이제는 축사에 켜 두었던 등불마저 켤 형편이 되지 못했다. 한 쪽에서는 먹을 것이 없어 하루가 다르게 동물들이 야위어 가는데, 돼지들은 날마다 살이 찌는 듯했다.

2월도 막바지에 접어든 어느 날, 동물들은 향긋하고 맛있는 냄새가 저택 안에서 흘러나오고 있음을 눈치챘다. 코를 킁킁거리며 저택 근처로 몰려든 동물들은, 그 냄새가 존스가 있을 당시에도 사용된 적이 없는 작은 양조장에서 나오는 것임을 알았다.

"킁킁, 아! 구수한 냄새야. 어디서 나는 걸까?"

"요즘처럼 배가 고픈 때에 이런 맛있는 냄새는 더 고역이야."

"나폴레옹 지도자 동지께서 특별 음식이라도 내리시는걸까?"

"그러면 더 바랄 게 없지."

동물들은 혹시나 하는 기대로 식사때를 기다렸다. 하지만 그날 점심 때도 저녁때도 냄새를 피운 그 음식들은 배급되지 않았다. 그들이 냄새 맡은 보리는, 곧 돼지들에게만 지급될 거라는 내용이 스퀼러의 입을 통해 알려졌다.

이미 과수원 너머 작은 땅에 뿌려졌던 보리씨가 자라서 담근 술을 돼지들은 매일 약간씩 지급 받고 있었다. 나폴레옹은 아예 식사 때마다 접시에 맥주를 담아 놓고, 들이마신다는 이야기도 농장 안에 나돌았다.

이 무렵 동물들은 전보다 더 많은 연설을 들어야 했고, 정렬하여 행진도 해야 했다. 수탉이 나팔수로 소리를 지르면, 동물들은 각자 정해진 자리를 찾아 발을 맞추어 농장 안을 걷기 시작했다.

복서와 클로버는 녹색 깃발 외에 '나폴레옹 만세' 라고 씌어진 깃발을 함께 들고 그 뒤를 따랐다.

몇 번의 행진 후에는 나폴레옹을 찬양하기 위한 시를 읊고, 스퀼러가 발표하는 숫자에 관한 보고를 들어야 했다. 동물들은 행진과 연설을 듣는 순간만큼은 자신들이 무척 고된 일을 하고 있다는 사실과, 배고픔에 굶주려야 한다는 현실을 잠시나마 잊고 있었다. 아니, 이 순간만큼은 인간들보다 훨씬 위대한, 동물 농장의 주인들이라는 사실에 자긍심을 느낄 수 있었다.

봄이 되자 동물 농장은 '동물 공화국' 이란 명칭으로 다시 불려지게 되었다.

며칠 후면 공화국에 걸맞는 대통령을 뽑아야 했다. 며칠 후, 후보로 나온 동물은 나폴레옹 혼자뿐이었다. 결국 그는 동물들의 만장일치로 대통령에 당선되었다.

"여러분의 열렬한 성의에 보답하기 위해, 이 농장을 최고로 만들도록 더욱더 많이 노력할 것을 약속하겠소. 여러분에게 알릴 일이 있소. 스

노볼에 관한 새 문서가 얼마 전에 발견되었소. 그 보고서에 따르면, 스노볼은 외양간 전투에서 존스의 편에서 싸운 것이 확실히 드러났소. 게다가 '인간 만세'를 줄곧 외치며 전투를 했다는 것이오. 사실은 스노볼의 상처는, 이런 반역 행위를 하고 있는 것을 보고, 참지 못한 내가 물어뜯은 것이오. 앞으로 여러분은 나를 더욱더 믿고 따라와 줄 것을 끝으로 부탁드리는 바요."

흥분한 동물들은 나폴레옹에게 열렬한 박수 갈채를 보냈다.

여름이 돌아오자, 존스 부인과 함께 농장을 떠났던 까마귀 모지즈가 농장으로 돌아왔다. 모지즈는 자신이 보았던 '설탕 캔디 산'에 대해 열심히 이야기했다.

"정말 그런 곳이 있어? 아무 일도 하지 않고 배불리 먹을 수 있는 곳, 모든 동물들이 평화롭게 지낼 수 있는 곳이 있단 말이지?"

동물들은 그 말이 진실이든 아니든, 그 때만은 믿고 싶었다. 자신들의 생활이 너무 비참했기 때문에, 그런 낙원이 있다는 사실만으로도 그들은 행복할 수 있었다. 돼지들은 모지즈의 말이 엉터리라고 핀잔을 주었다. 하지만 언제부터인지 몰라도, 모지즈에게 먹을 것과 맥주를 나누어 주며 같이 어울리곤 했다.

그 동안 발굽 부상으로 고통스러워하던 복서의 상처가 아물었다. 복서와 그 외의 동물들은 하루 종일 열심히 일을 했다. 그들은 농사일과 풍차를 건설하는 일 외에도, 새로 시작된 새끼 돼지들을 위한 교실을 함께 지어야 했기 때문에 전보다 훨씬 힘이 들었다.

먹을 것도 충분치 못했기 때문에 동물들은 점점 더 기력을 잃어 가고 있었다. 손수레를 끄는 복서의 모습도, 예전처럼 기운이 세어 보이지 않았다. 쉬지 않고 일하는 복서였지만, 가죽은 거칠고 살이 빠져서 점점 더 볼품이 없어져 갔다.

"풍차 건설이 어느 정도 마무리되어 복서도 은퇴해서 쉬게 되면, 복서도 예전의 모습을 되찾을 거야."

동물들은 이렇게밖에 복서를 위로할 길이 없었다. 클로버와 벤자민이 측은한 얼굴로, 복서에게 좀 쉬어 가면서 일을 할 것을 권했으나, 듣지 않았기 때문이다.

'그래, 이제 내가 은퇴할 날도 얼마 남지 않았어. 지금 고통스럽더라도 그 때까지만 참자. 돌 한 덩어리라도 더 쌓도록 열심히 하자.'

그렇게 며칠이 흘러갔다. 복서는 저녁 식사를 끝낸 후, 다시 공사 현장으로 나갔다. 그는 풍차 현장까지 손수레를 끌고 돌을 옮겨다 놓는 작업을 계속했다.

오늘따라 몸이 찌뿌드하고 개운치가 않다는 생각이 들었지만, 자신이 작정한 일을 다 마치기 전에는 농장으로 돌아갈 수가 없었다.

'이 수레만 풍차가 있는 곳으로 끌어다 놓고, 오늘은 이만 농장으로 돌아가야겠다.'

그 순간 어쩐 일인지 복서는 그 자리에 푹 고꾸라지고 말았다. 그의 입에서는 새빨간 피가 줄줄 흘러나왔다.

하늘을 날던 비둘기 두 마리가 복서의 쓰러진 모습을 발견하고, 그의 곁으로 급히 내려앉았다.

"복서! 왜 그래?"

"어머, 이 피 좀 봐. 안 되겠어. 동물들에게 알려야겠어."

비둘기는 휙 날아올라서 동물들이 쉬고 있는 축사로 갔다.

"클로버! 큰일났어. 복서가 쓰러졌어!"

"뭐야? 복서는 지금 어디 있어?"

"응, 풍차 공사 현장에 죽은 듯이 누워 있어. 빨리 가 봐!"

클로버는 벤자민과 함께 갈기를 휘날리며, 복서가 쓰러진 곳을 향해 달렸다. 그 뒤로 동물들이 걱정스러운 얼굴로 뒤따라왔다. 그들이 복서를 발견한 곳은 풍차 언덕이었다.

복서의 눈은 힘없이 풀려 있었고, 온몸은 땀으로 범벅이 되어 있었다. 입에서는 아직도 피가 흐르고 있었다.

복서의 처절한 모습을 본 클로버의 두 눈에 눈물이 맺혔다. 클로버는 복서의 곁으로 다가갔다.

"어쩌다 이 지경까지 됐어?"

"음, 클로버로군. 폐를 좀 다친 것 같아. 조금만 쉬면 되니까 걱정할 것 없어. 그것보다……."

복서는 자신의 몸이 좋지 않은데도, 그 곳에 모인 동물들에게 당부할 말을 전했다.

"여러분들에게 할 말이 있어. 부탁인데, 이 풍차 건설을 꼭 이루도록 해. 작은 돌은 이미 풍차 곁으로 많이 날라다 놓았으니까, 훨씬 일하기 수월할 거야. 나는 앞으로 은퇴할 날이 한 달밖에 남지 않았으니, 그 때까지만 일할 작정이야. 흠, 벤자민도 와 주었군. 여생을 나와 함께 보내 주겠지?"

이제 복서는 더 이상 말할 기운이 남아 있지 않았다.

"복서, 그런 이야기는 나중에 해. 먼저 치료를 받아야겠어. 여러분, 어서 스퀼러에게 이 사실을 알려요!"

한 동물이 급히 농장 쪽으로 뛰어갔다. 그 사이 벤자민은 그의 꼬리로 복서를 위하여 파리 떼를 쫓아 주고 있었다. 잠시 후, 걱정스러운 얼굴로 스퀼러가 그들 앞에 나타났다.

"쯧쯧, 이게 대체 웬일이야. 하지만 나폴레옹 지도자 동지께서 모든 것을 잘 알아서 해 줄 것이니 걱정할 것 없어. 나폴레옹 지도자 동지께서 이 소식을 듣고, 침울한 표정으로 윌링던에 있는 병원으로 보내서 잘 치료받게 하신다고 약속하셨어."

"농장 밖에 있는 병원으로 옮긴다고?"

동물들은 왠지 농장 밖으로 나가는 것이 두려웠다. 그 동안 농장 밖으로 나간 동물은 몰리와 스노볼뿐이었다. 그리고 수의사의 손에 복서를 맡긴다는 것도 영 내키지 않았다.

스퀄러는 동물들의 얼굴에 나타난 두려움을 눈치챈 듯 서둘러 말했다.

"복서를 치료해 줄 윌링던에 있는 수의사는, 동물들의 병을 잘 고치기로 소문난 사람이다. 그러니 우리가 섣불리 치료를 하는 것보다 훨씬 낫단 말이다."

"그렇군."

잠시 후, 복서는 주변 동물들의 도움을 받아, 마구간이 있는 곳까지 절뚝거리며 걸어갈 수 있었다.

벤자민과 클로버는 먼저 그 곳으로 가서, 그가 누울 자리를 좀더 편안하게 쉴 수 있도록 손질해 두었다.

복서는 며칠 동안 마구간에서 꼼짝하지 않고 지냈다. 그 동안 돼지들은, 저택에 있는 약상자에서 발견한 분홍색 병에 든 약을 보내 주었다. 클로버는 복서 곁에서 식사와 제 때 약 먹는 일을 도와주었다.

복서가 잠들 때까지 클로버는 그의 곁에서 이야기를 들려주거나, 노래를 불러 주었다.

벤자민은 꼬리로 파리를 쫓아 주는 일을 해 주었다.

"클로버, 고마워. 그렇게 슬픈 얼굴 하지 마. 조금만 더 쉬면 병이 나을 거야. 그리고 앞으로 2, 3년은 건강하게 살 수 있어. 병원에서 치료를 하고 돌아와서, 과수원 옆에 있는 휴식처에서 쉬면서 여생을 보낼 작정이야. 벤자민, 너는 나와 함께 우리들을 위한 안식처에서 함께 보내기로 하자. 난 그 곳에서 아직 다 외우지 못한 알파벳 공부를 하고 싶어. 아직도 알파벳을 네 개밖에 못 읽거든. 내가 좀 한심하지?"

"넌 분명히 나을 거야. 우리들이 너를 얼마나 존경하고 따르는 줄 알아? 아마 넌 눈치채지 못했을 거야."

"정말이야? 그렇게 나를 생각해 준다면 난 더 바랄 게 없어."

클로버의 칭찬에 복서는 어린애처럼 좋아했다. 며칠 복서를 돌보느라 농사일을 하지 못한 벤자민과 클로버는, 다음 날부터 다시 일터로 나가야했다.

근무 시간을 마친 동물들은 늘 복서가 있는 곳으로 가서, 오늘 일어난 일과 풍차의 진척 상황을 자세히 이야기해 주곤 했다.

"그렇게 열심히 일한다니 안심이 되는군. 다들 정말 고마워!"

며칠 후 복서를 병원으로 데려가기 위해, 마차 한 대가 농장에 도착했다. 그 때는 동물들이 한창 무밭에서 일을 하고 있던 중이었다.

"저기 저렇게 씩씩대며 달려오는 동물이 누구지?"

"그러게. 아, 벤자민인 것 같아."

"그래? 벤자민은 항상 느긋한 편인데, 웬일로 저렇게 뛰어다니지?"

동물들은 일손을 놓고 고개를 갸우뚱거리며 의아해했다. 벤자민이 동물 농장에서 뛰어다니며, 흥분한 것을 본 적이 없었기 때문이다.

"이리로 빨리 와 봐. 지금 복서를 데려갈 마차가 도착했단 말이야!"

"그래? 그럼 잘 다녀오란 인사라도 해야겠네."

클로버를 위시한 동물들은 농사일을 팽개치고는, 부리나케 농장 안으로 달려갔다.

숨을 헐떡이며 도착한 마당에는, 벤자민의 말대로 마차가 한 대 와 있었다.

두 마리의 말이 이끄는 마차는 천막으로 천장을 뒤덮고 있었고, 한 쪽에는 뭐라고 쓰인 간판이 붙어 있었다.

"저기, 마부석에 있는 사람은 어쩐지 험상궂게 생겼어."

"나도 그렇게 생각했어. 눈빛이 사나워 보여."

동물들은 복서가 타고 갈 마차와 마부를 이리저리 살펴보았다. 복서가 불편한 몸을 이끌고 마차에 올라탔다.

"복서, 잘 다녀와!"

"며칠만 있으면 다시 돌아올 테니 걱정 마."

"그래, 그곳에서 가끔 우리들 생각도 해 줘."

농장 안의 동물들은 왠지 앞으로는 영영 복서를 보지 못할 것처럼 마음이 서글퍼졌다.

'아마, 복서가 아파서 이곳을 떠나려고 하기 때문일 거야. 그는 꼭 돌아올 거야.'

클로버는 눈물을 보이기 싫어서 뒤돌아서 있었다. 복서도 그 사실을 아는지 클로버를 애써 부르지 않았다.

동물들이 작별의 인사를 나누는 동안, 벤자민은 마차의 모습이 아무래도 이상했던지 천막 위에 쓰인 간판을 자세히 훑어 보았다.

"앗!"

벤자민은 두 눈이 휘둥그레지면서 소리쳤다. 그는 재빨리 동물들이 몰려 있는 곳으로 와서 다급한 소리로 외쳤다.

"뭔가 잘못된 것 같아!"

"왜 그래? 복서에게 작별 인사도 하지 않고……."

"바보들, 지금 그럴 때가 아니야. 마차 위에 뭐라 쓰여 있는 줄 알아?"

벤자민은 아무것도 모르는 동물들이 안타까운 듯, 발을 구르며 다급한 심정을 이야기했다. 그제야 동물들도, 자신들이 눈치 채지 못한 일이 일어나고 있음을 짐작했다.

염소 뮤리엘이 동물들을 헤치고 나가, 천막 위에 쓰인 간판을 떠듬떠듬 읽어 내려가기 시작했다.

"음, 쓸모 없는……, 도살……."

옆에서 지켜보던 벤자민이 다급한 마음에 뮤리엘을 밀치고 자신이 큰 소리로 외쳤다.

"쓸모 없는 말을 도살하거나 아교 제조도 합니다. 가죽과 뼛가루도 팝니다. 이렇게 적혀 있어."

"그게 복서와 무슨 상관이야?"

아직도 간판이 무얼 뜻하는지 깨닫지 못한 동물들이 이렇게 물었다.

"이 간판이 가리키는 곳은 바로 도살장이란 말이야. 복서는 지금 도살자가 몰고 있는 마차에 올라탄 거야!"

"뭐야?"

동물들은 놀라움에 어쩔 줄을 몰랐다. 마부석에 앉아 있던 마부는 동물들의 눈치가 심상치 않음을 눈치챘다.

'안 되겠어. 동물들이 내가 누구란 것을 눈치챈 것 같아. 어차피 절차는 모두 끝났으니 어서 빨리 이 곳을 떠나야겠다.'

그 순간 마부는 가지고 있던 긴 채찍을 휘두르기 시작했다.

"이랴! 이랴!"

마차를 끌던 말들은 마부의 채찍을 맞으며 앞을 향해 내달았다. 동물들도 모든 것을 알아차리고 마차의 뒤를 쫓기 시작했다.

"마차 뒤를 쫓아라!"

클로버는 벤자민의 이야기를 듣고, 전속력으로 마차를 향해 달렸다. 하지만 짐마차를 끄는 말들의 속력을 따라잡기는 힘들었다.

"복서! 제발 창문으로 나와 봐!"

클로버는 달리면서 복서가 있는 천막을 향해 소리쳤다. 하지만 복서는 기운이 없어서 그냥 마차 바닥에 엎드려 있었다.

"복서! 복서!"

그제야 복서는, 마차 밖에서 무슨 소리가 들리는 것을 알아차렸는지 천막 밖으로 고개를 내밀었다.

"아, 복서가 얼굴을 내밀었어. 클로버, 다시 크게 소릴 질러 봐요!"

클로버의 뒤를 쫓던 동물들은 이렇게 외쳤다.

"복서, 지금 뛰어내려! 너를 죽이려 한단 말이야."

달리는 마차 소리 때문에 클로버의 소리를 알아들을 수 없었던 복서는 고개만 갸우뚱거렸다.

'클로버가 나와 헤어지는 게 슬퍼서 저러는 걸까? 아니, 무슨 말을 하는 것 같은데.'

뒤따르던 다른 동물들이 함께 울부짖는 소리를 듣던 복서는, 그제야 뭔가 있음을 눈치챘다.

'아, 나를 죽이려고 데려간다는 말이로군!'

복서는 마차에서 탈출하기 위해 이리저리 몸을 흔들었다. 달려가는 마차에서 쿵쿵거리는 소리가 간간이 들려왔다.

전 같으면 벌써 마차를 부수어 버렸을 텐데, 복서는 이미 몸이 말을 듣지 않았다.

'아, 이를 어쩌면 좋아. 복서 혼자서는 무리야.'

그 모습을 본 클로버는 안타깝기 그지없었다.

이제 몸을 부딪히는 것도 힘에 부치는지, 마차 안은 다시 조용해졌다. 뒤를 쫓던 동물들도 이젠 기운이 빠져서, 마차와의 거리가 점점 멀어져 갔다.

하지만 클로버는 복서를 그냥 보낼 수가 없었다. 이제 그의 몸은 땀

으로 범벅이 되고 앞이 잘 보이지도 않았다.

클로버는 마지막으로 마차를 끄는 두 말에게 호소하기 시작했다.

"제발, 부탁이야. 우리 친구를 도살장으로 데려가지 말아 줘!"

앞만 보고 달리던 두 말들은 옆을 흘깃 보았지만, 클로버의 말뜻을 알아듣지 못했다. 그들은 인간들의 생활에 익숙해 있던 터라, 아무 생각이 없었다. 결국 복서를 실은 마차는 농장을 빠져 나가 한길 가로 달려가고 있었다. 천막 밖으로 가끔 내밀던 복서의 모습도 이제는 보이지 않았다.

"이런, 이제 어쩌면 좋아?"

이젠 더 달릴 힘도 없어진 클로버는, 복서를 태운 마차가 눈앞에서 사라지는 것을 멍하니 지켜볼 수밖에 없었다. 복서가 떠난 지 사흘이란 시간이 흘러갔다. 그 날 이후, 절망에 빠져 있던 클로버와 동물들 앞에 스퀼러가 나타났다.

"복서는 최고의 대접을 받으며 병원에서 치료를 받았지만, 결국 죽고 말았다. 복서가 눈을 감는 순간에 내가 같이 있었지."

"흠, 결국 그렇게 됐군. 불쌍해. 유언은 없었어?"

"복서는 힘없는 소리로 내게 속삭였다. 풍차가 완성된 것을 살아생전에 구경하지 못하고 죽는 것이 억울하다고. 그리고는 힘을 내어 '동물 농장 만세!'와 '나폴레옹 만세!'를 외치고는 숨을 거두었다."

클로버는 아무 소리도 하지 않고, 스퀼러가 하는 말을 듣고 있었다. 동물들이 숙연한 표정이 되자, 스퀼러는 지금까지와는 다른 이야기를 꺼냈다.

"들리는 소문에 의하면, 복서가 마차에 태워지던 날 좋지 않은 일이 있었다고 하더군. 어떤 녀석이 마차에 쓰인 간판을 보고, 도살장으로 가는 곳으로 읽어서, 동물들을 혼란스럽게 했다고 말이다. 사실을 알아 보지도 않고 보이는 것만 갖고 아는 체하니, 그런 실수가 있는 것이다. 그 마차는 수의사가 도살업자에게 구입하여 쓰고 있었던 건데, 그만 간판을 떼어 내지 않고 사용했던 걸 너희들이 보게 되었던 것이다. 앞으로 사실을 알아보지도 않고 우리의 지도자 이름에 먹칠을 하는 놈은, 본보기를 보여 큰 벌을 내리도록 할 테니 주의하도록 해!"

"그랬구나. 우리들이 뭘 잘못 알고 있었던 거야. 복서는 행복한 죽음을 맞이하게 되어서 다행이야."

스퀼러는 이 때를 놓치지 않고, 자신이 병원에서 본 이야기들을 주절주절 늘어놓기 시작했다.

"나폴레옹 지도자 동지께서 수의사에게 특별 지시를 내려서 복서를 진찰하게 하고, 제일 비싼 약을 주도록 조치를 취했다. 복서는 동물로서는 최고의 대우를 받으며 행복하게 죽음을 맞이했다."

동물들은 복서가 살아서는 힘든 노동과, 충분치 못한 먹이에 시달리다가 행복한 죽음을 맞이한 것을 다행스럽게 여겼다.

하지만 당나귀 벤자민은 고개를 떨구고, 스퀼러의 눈길을 애써 외면하고 있었다.

'그렇지 않아. 스퀼러는 우리들에게 거짓말을 하고 있는 거야.'

그 주의 일요일 아침이 돌아오자, 나폴레옹은 복서의 죽음에 관한 애도의 말을 전했다.

"먼저 복서가 죽어서나마, 영원한 안식처에서 편안하게 지낼 것을 바라겠소. 충실한 일꾼이었던 그가 세상을 떠나게 되어, 우리 모두는 슬픈 마음을 이루 말할 수가 없소. 생각 같아서는 그의 시신을 농장으로 싣고 와서 장례를 치러 주고 싶었지만, 병원의 규정상 허락이 되지 않는다고 하여, 대신 근사한 꽃다발을 만들어서 그의 무덤에 가져다 놓으라고 일러두었소. 농장에서는 따로 시간을 내어 복서의 추모식을 갖도록 하겠소."

동물들은 나폴레옹의 깊은 관심에 감사한 마음을 가졌다. 나폴레옹은 동물들을 다시 한 번 둘러본 뒤에 덧붙여 말했다.

"복서는 이미 이 자리에 없지만, 우리들은 그의 노동에 대한 책임감과 생활 신조를 본받아야 할 것이오. '내가 남들보다 더 열심히 한다'와 '나폴레옹 동지는 늘 옳다' 라는 생활 태도는 여러분들의 가슴속에 깊이 새겨 두도록 하시오!"

복서의 추모식이 있던 날 윌링던의 한 식품 가게에서 무슨 상자 하나를 실은 마차가 도착했다.

"무슨 상자 하나가 배달되어 왔어."

"저택의 부엌으로 가져가는 것 같은데, 도대체 뭘까?"

그날 밤, 농장의 안채에서는 돼지들의 싸우는 소리와 더불어, 무엇인가 부딪쳐서 깨지는 소리가 간간이 들려왔다.

다음 날 해가 중천에 뜨도록, 저택 안에서는 돼지들이 일어날 기미가 보이지 않았다.

"어제 저녁에 술을 마시느라 그 난리가 났다지 뭐야."

"식량 사정도 좋지 않은데, 어디에서 돈이 나서 술을 산 걸까?"

동물들이 저마다 한 마디씩 떠들어 대는 소리를, 벤자민은 물끄러미 쳐다보고 있었다. 아무 말도 하지 않고 있었지만, 그는 사라진 복서와 위스키가 무슨 연관이 있는지 다 알고 있는 듯한 표정이었다.

인간과 돼지

동물 농장 안에 있던 동물들도 세월의 흐름을 비켜가지 못했다. 반란 전에 있었던 동물들은 클로버와 벤자민, 그 외에 몇몇 돼지들을 제외하고는 거의 죽거나 나이가 들었다.

염소 뮤리엘, 블루벨, 제시, 핀처도 죽었다. 동물 농장의 주인이었던 존스도, 알콜 중독자가 되어 여기저기를 떠돌다가, 한 수용소에서 죽었다는 소문이 들려왔다.

스노볼의 이름은 거의 잊혀진 지 오래 되었고, 복서 역시 대부분의 동물들 기억 속에 남아 있지 않았다.

암말 클로버 역시 관절이 굳어지고, 눈이 침침한 늙은 말이 되어 버렸다.

나이로 치자면 벌써 은퇴하여 조용히 여생을 보내야 하는 처지였지만, 아직도 농장의 잡다한 일을 거들곤 했다.

"휴, 이제 나도 많이 늙었어. 예전에 은퇴할 나이가 되면, 과수원 근처에 새로운 휴식처를 만들어 준다던 일은 몇몇 남지 않은 동물들의 기억 속에만 남아 있어."

클로버는 벤자민을 만나면, 옛일을 기억하며 한숨 섞인 투로 중얼거리곤 했다.

그녀의 말대로 은퇴한 동물을 위한 곳은, 농장 어디에도 마련되어 있지 않았다.

그 반면 나폴레옹과 스퀼러를 비롯한 돼지들은 살이 쪄서 제대로 걷기가 불편한 정도였다.

스퀼러는 평소에도 가늘었던 두 눈이, 이제 살이 차올라 앞이 잘 보이질 않았다. 당나귀 벤자민은 코 근처가 회색으로 변한 것 외에는 별로 달라져 보이지 않았다.

"벤자민은 복서가 죽은 뒤로 말을 거의 하지 않아."

"맞아, 원래도 말이 없는 편이었는데, 이제 무뚝뚝한 소리로 대답하는 것조차 귀찮아한다니까."

예전의 동물들이 죽어 나간 대신, 새 식구가 많이 생겨났다. 새로운 동물들에게는 농장에 반란이 있었다는 일이, 책에서나 나오는 일처럼 멀게만 느껴졌다.

농장에서 새로 태어난 새끼들 외에도, 가끔씩 농장 밖에서 새로 동물을 사들일 때도 있었다. 이번에 사들인 어린 말 세 마리는 암말 클로버를 의지하며 잘 따랐다.

"예전에 우리 농장에서 우리들을 학대하는 인간들을 내쫓기 위한 반란이 있었어. 사람이 다스리는 세상이 아니라, 동물들이 주인이 되는 그런 세상을 꿈꾸면서 말이야. 그 반란이 성공해서 우리는 자유의 몸이 될 수가 있었고, 지금 농장의 주인이 될 수 있었던 거야."

클로버는 옛날을 회상하며 새로 들여 온 어린 말들에게, 자세히 설명을 해 주었다. 하지만 어린 말들은 클로버의 이야기 중 대부분을 이해하지 못했다.

동물 농장도 예전보다 많은 발전이 있었다. 필킹턴에게 사들인 두 군데 목장지로 인해 농장은 훨씬 넓어져 있었다.

꿈에도 그리던 풍차도 완성되어, 곡식을 탈곡하거나 건초를 운반하는 기계가 동물들에게 많은 도움이 되었다.

그러나 예전에 스노볼이 말했던 것처럼, 풍차가 전기를 만들어 주지는 못했다. 또 그가 바랐던 것처럼, 일주일에 삼 일만 일해도 되는 시대는 오지 않았다.

하지만 곡식을 찧거나 하는 데에는 유익하여, 짭짤한 돈을 벌 수 있었다. 그동안 이웃 농장들과의 중개인 노릇을 해 왔던 휨퍼도, 사정이 나아졌다.

그는 자신이 쓸 이륜 마차를 한 대 구입할 여유까지 생겼다. 돼지들은 풍차의 필요성을 느끼고, 몇 개 더 건설할 계획을 세웠다. 이번에는 동력 발전소가 들어설 것이라고 했다.

"동물들이고 인간이고 간에, 편하고 사치스럽게 살아서는 안 되오. 풍차가 들어서게 되더라도, 늘 근면하고 아껴 쓰는 생활 습관을 가져야 할 것이오. 우리 농장의 동물들은 더 소박한 생활을 함으로써, 다른 농장의 동물에게 모범이 되도록 해야 하오."

나폴레옹은 아무리 기계가 동물의 일을 대신해 주더라도, 늘 성실하게 생활해야 할 것을 강조했다.

예전에 비하면 동물 농장이 넉넉해진 편이었지만, 각각의 동물들에게는 큰 변화가 없었다.

그에 비하면 돼지와 개들은 숫자적으로 우세한 편이면서 넉넉하게 생활했다.

돼지들은 직접 농장 일을 돌보지는 않았다. 하지만 스퀼러의 말에 의

하면 머리를 사용하는 게 노동을 하는 것보다 훨씬 어렵다고 했다.

"우리들은 새로운 농사법을 연구해서 수확량을 늘리는 일에 몰두하기도 하고, 너희들의 복지를 위해서 열심히 머리를 짜내고 있어. 날마다 보고서와 파일을 작성해야 하는 것은 기본이야. 농장 조직을 개편하고 관리하는 일도 쉽지 않은 일들이지."

돼지들이 말하는 내용들은 동물들이 이해하기에는 어려웠다.

"저택 안에 있는 돼지 운영 위원회에서는, 작성한 보고서를 불에 태워 버리기도 한다던데. 시간을 들여 힘들게 작성하고는 다시 버리곤 하는 일은 왜 필요한지 모르겠어."

농장 안의 동물들은 돼지들이 노동은 하지 않아도, 매우 바쁘게 뭔가를 하고 있다는 생각이 들었으므로, 스퀼러의 말에 고개를 끄덕였다.

하지만 동물들은 다른 것보다 배가 고픈 날에는, 예전의 일을 떠올렸다.

'지금은 반란 이전보다 더 못한 것 같아. 아니, 그럴 거라는 생각이 들어. 이제는 잘 생각이 나지 않지만, 예전에는 이렇게 배고픔에 시달리지는 않았었어.'

요즘 동물들의 생활이란 농사일에 지쳐서 돌아오면 겨우 허기를 달랠 정도의 식사를 한 후, 더러운 축사의 짚더미에서 잠을 자야 했다. 게다가 일을 하다가 목이 말라서 마시는 물은 냄새가 났다. 겨울이면 추위와 싸워야 했고, 여름에는 벌레들과 더위에 지쳤다.

그들은 예전의 생활과 비교할 자료가 없었기 때문에, 늘 스퀼러가 불러 주는 통계 자료를 믿어야만 했다. 하지만 스퀼러의 보고서는, 늘 생활이 나아졌다는 이야기였다.

당나귀 벤자민은 이 모든 사실을 잘 알고 있었다.

"내 생각으로는 예전과 지금의 생활이, 별로 못한 것도 나아진 것도 없어. 동물들의 생활이라는 것은 늘 변함이 없어. 안정과 편안함은 몇 안 되는 동물들과 인간들의 것이야. 동물들은 배고픔과 고통 속에 일생을 보내야 하는 것이, 우리들의 정해진 삶이야."

동물들은 벤자민의 이야기를 다 믿지 않았다. 그의 말대로라면 동물들에게는 희망이 없기 때문이었다.

그들은 자신들이, 동물들이 경영하는 동물 농장의 일원이라는 사실에 대단한 긍지를 가지고 있었다. 농장 안에 행사가 있을 때 쏘아 대는 총소리를 듣거나, 깃발 게양식을 할 때도 뭔가 가슴 뭉클한 느낌이 들었다.

이제는 부를 수 없게 된 〈영국의 동물들〉이란 노래도 그들에게는 자랑거리였다.

메이저가 예견한 반란도 성공을 했고, 실패를 거듭하면서 만들어 낸 풍차도 자신들의 손으로 만들었으니, 얼마나 뿌듯하고 가슴 벅찬 일인가. 그들은 마지막으로 모든 동물들은 평등하다는 것을 옥수수나 밀보다 더 소중한 희망으로 여겼다.

여름으로 접어들었을 무렵, 스퀼러는 양들을 조용히 불러 내어 농장 한 구석으로 데리고 갔다.

그리고는 그 곳에서 어린 풀을 뜯어먹게 했다. 날이 저물면 스퀼러는 농장 안으로 들어가 버리고, 양들에게는 그 곳에 머물러 있도록 지시를 내렸다.

일주일 동안 양들은 다른 일은 아무 것도 하지 않은 채, 다른 동물들과도 만나지 못했다.

"요새 스퀼러가 무슨 꿍꿍이속으로 양들을 격리시켜 놓는 거지?"

"들리는 소문에 의하면, 양들에게 새 노래를 가르쳐 주고 훈련시키는 중이래."

마침내 양들이 다시 농장 안으로 돌아오고 다음 날이 되었다. 노동을 하러 나갔던 동물들이 일을 마치고 농장 안으로 들어섰을 때였다.

"히히힝, 히히힝!"

놀라 울부짖는 말의 울음소리가 가까이에서 들려왔다.

"저건 클로버가 우는 소리 같은데."

"그래, 얼른 클로버가 있는 곳으로 가 보자."

그들이 도착한 곳은 저택 근처 울타리였다.

"클로버, 무슨 소리야? 네 비명소리가 들린 것 같은데."

그녀는 대답 대신 손을 들어, 저택의 안마당을 가리켰다. 그 곳에는 전혀 예기치 않은 일이 벌어지고 있었다.

"원 세상에! 저건 스퀼러잖아?"

그들 눈앞에 보인 광경은 스퀼러가 뚱뚱한 몸을 번쩍 일으켜 세워서 균형을 잡으며 두 발로 걷고 있었다. 다시 그들의 눈을 휘둥그렇게 만든 것은 다음 장면이었다.

저택 문이 열리더니 돼지들이 밖으로 쏟아져 나오면서, 스퀼러가 한 것과 똑같은 짓을 하고 있었다.

벌써부터 연습을 해 왔는지 아주 능숙하게 잘 걷는 돼지가 있는가 하면, 넘어질 듯 뒤뚱거리는 돼지들도 있었다. 그들은 줄지어 나와 안마당을 한 바퀴 돌았다.

"쉿, 저것 좀 봐! 나폴레옹 지도자 동지가 개들의 호위를 받으면서 밖으로 나오고 있어."

그들의 지도자 동지가 수탉의 신호를 시작으로, 역시 뒷다리를 똑바로 들어 두 발로 선 채 당당하게 나타났다.

나폴레옹을 선두로 하여 돼지들은 다시 일렬로 늘어서서, 마당 안을 행진하기 시작했다. 그 광경을 멀거니 바라보고 서 있는 동물들은 기가

막혔다.

이제까지 그들은 아홉 마리 개들의 사나움에 두려움을 느낀 동시에, 거의 모든 일을 나폴레옹에게 전적으로 내맡겼기 때문에, 항의를 한 일이 거의 없었다. 하지만 이번만은 도저히 참을 수가 없었다.

"나폴레옹 지도자 동지! 할 말이……."

동물들이 나서서 막 항의를 하려고 할 때였다. 신호를 받은 양들이 목청껏 외쳐 대기 시작했다.

"네발도 좋지만 두 발은 더 좋다! 네발도 좋지만 두 발은 더 좋다!"

사방에서 양들이 외쳐 대는 소리에, 동물들은 돼지들에게 말을 할 수 없었다.

그 사이 돼지들은 저택 안으로 들어가 버리고 말았다. 동물들이 투덜대고 있을 때, 누군가 벤자민의 등에 코를 비벼 대는 감촉을 느꼈다. 그가 뒤돌아보니 클로버였다.

"왜? 클로버, 내게 할 말이라도 있어?"

클로버는 아무 말도 하지 않고 뒤돌아서 앞장을 섰다. 벤자민이 그녀의 뒤를 따라 도착한 곳은 헛간이었다. 클로버는 잠시 7계명이 쓰여 있는 벽을 뚫어져라 쳐다보고 있었다.

"벤자민, 내가 잘못 본 건가요? 옛날에 써 두었던 일곱 가지 계명이 다 보이지를 않아. 난 아직도 글자를 잘 모르기 때문에, 당신이 좀 읽어 줘야겠어. 전과는 다르게 보이는데, 왜 저렇게 변한 거지?"

벤자민은 잠시 고민에 빠진 눈치였다. 예전부터 그는 이런 일에 관여하고 싶지 않아 글을 읽어 주는 일을 거부했었다.

'그래, 이게 마지막이 될지도 몰라. 내 규칙을 한 번쯤 깨뜨리는 것도 괜찮겠지.'

이렇게 작정한 그는 천천히 벽에 쓰인 글자를 읽어 주었다.

"모든 동물은 평등하다. 하지만 어떤 동물은 다른 동물보다 더 평등할 수도 있다."

클로버의 침침한 눈에 눈물이 가득 찼다.

"그렇군. 이제 남은 것은 저거야. 저 말이 맞을지도 모르지."

이런 일이 있은 후, 농사일을 감독하는 돼지들은 채찍 하나씩을 들고 있었다.

돼지들은 라디오와 전화를 들여놓기로 했다. 인간들처럼 신문과 잡지도 구독하고, 존스가 입었던 옷을 우스꽝스럽게 몸 위에 걸치고 나타나도 동물들은 별로 이상해하거나 놀라지 않았다.

나폴레옹이 사랑하는 돼지가, 존스 부인이 입던 물결 무늬의 드레스를 입고 나타나도 별로 관심을 두지 않았다.

게다가 농장 안에 많은 인간들이 나타나는 일이 종종 있었다. 주변 농장의 농장주들이 나폴레옹의 초대를 받아, 농장을 돌아보러 온 것이었다.

인간들은 농장 안의 여기저기를 돌아보고는, 대단하다며 칭찬을 아끼지 않았다.

마지막으로 풍차를 돌아보고는 흥분한 얼굴이 되었다. 농사일에 한창인 동물들은, 돼지들이 하루가 다르게 변화하는 모습에 내심 놀라워하며, 고개를 들어 쳐다보려고 하지 않았다.

밤이 깊어지자, 주택에서는 웃음소리와 노랫소리가 뒤범벅이 되어 흘러나오고 있었다.

"인간과 동물이 한 자리에서 도대체 무슨 이야기들을 주고받을까?"

"그러게. 농장의 보고서에 기록해 둘 일이야. 우리, 안채 가까이 가서 엿보고 올까?"

한 동물이 이런 제안을 했을 때, 그들은 고개를 가로저었다. 만약, 들키는 날에는 무서운 벌이 내려질 것이기 때문이었다.

"난 이만 가서 잘래. 아침부터 일을 했더니 졸려."

겁을 집어먹은 동물들은, 하나 둘씩 자신들의 잠자리를 찾아 흩어졌다.

결국 동물 몇몇만 남게 되었다.

"궁금해서 안 되겠다. 보고 싶은 사람은 내 뒤를 따라와."

클로버가 앞장을 서자, 호기심 많은 몇몇 동물이 그 뒤를 따랐다. 발소리를 죽여 가며 안마당으로 들어선 그들은, 창문이 있는 곳으로 살금살금 걸어갔다.

등에는 식은땀이 다 날 정도였다. 키 큰 동물들은 목을 길게 빼고, 창문 안을 살며시 들여다보았다.

긴 식탁 양쪽으로 여섯 마리의 돼지들과, 여섯 명의 농장주가 자리를 잡고 있었다. 식탁의 맨 윗자리에 나폴레옹이 앉아 있었다.

"클로버, 네가 본 것을 좀 이야기해 봐. 궁금하단 말이야."

키가 닿지 않는 동물들은 안의 일이 궁금해서 작은 소리로 물었다.

"각각 여섯 동물과 사람이 식탁에 둘러앉아, 카드놀이를 하고 있는 중이야. 음, 잠깐 하던 것을 중단하고 건배를 할 모양이야."

클로버는 보이는 대로 다른 동물들에게 말을 전했다. 그 사이 폭스우드 농장의 필킹턴이 잔을 들고 일어섰다.

"우선, 이 곳에 모인 여러분들을 만나 뵙게 되어 대단히 기쁩니다. 오늘 이 곳을 찾아, 오랜 시간에 걸쳐 서로 가졌던 오해를 풀게 되어 다행입니다. 예전에 동물들이 반란을 일으켰다고 했을 때부터, 우리들은 동물 농장을 좋지 않은 시선으로 바라본 것이 사실입니다. 왜냐하면 이 일은 동물들 사이에 퍼져 나가게 될 것이고, 주변 농장의 동물들이 주인을 몰아 내는 반란을 일으킬까 봐 두려웠던 거지요. 게다가 이런 농장에서는 싸움과 방종으로 인해, 무질서한 곳이 되어 버릴 것이라고 지레 짐작하곤 했지요. 하지만 그것은 인간들의 괜한 걱정이었다는 것을 알게 되셨을 겁니다. 오늘 농장을 둘러보고 나서 그 사실을 알 수 있었습니다. 최근의 영농 방법과 더불어, 규율과 질서를 보고 놀랐습니다. 이 곳의 동물들은 적은 식량에도 불평하지 않고, 열심히 일하고 있었습니다. 돼지들과 인간들은 해야 할 일이 비슷한 점이 많습니다. 아랫사람을 부리는 것이나, 하위 동물을 다루는 것이 다를 게 뭐가 있겠습니까?"

식탁 주위로 모인 사람들과 돼지들은, 필킹턴의 마지막 말에 웃음을 터뜨리고 말았다.

"하하하!"

필킹턴은 스스로 생각해도 자신의 말이 우스웠는지, 잠시 말을 멈추고 주의를 돌아보며 깔깔댔다.

'흠, 나쁜 놈들! 동물들은 모두 평등하다고 해 놓고는, 어떻게 저런 말을 할 수 있을까? 그럼 이제까지 우리는 돼지들의 하인 노릇을 해 왔단 말인가?'

필킹턴은 맥주 한 잔을 쭉 들이키고는 말을 이었다.

"결론적으로 말하면, 제가 동물 농장에서 감탄한 것은 세 가지로 요약할 수 있습니다. 적은 식량의 배급, 오랜 시간의 노동, 엄격한 규칙에 잘 따라 주는 동물들입니다. 기회가 닿는 대로 농장 경영의 비법을 가르쳐 주십시오."

돼지들과 사람들은 필킹턴의 연설이 끝을 맺자, 온몸을 흔들며 박수 갈채를 보냈다.

나폴레옹은 매우 흡족한 듯이, 막 연설을 끝낸 필킹턴의 곁으로 와서 건배를 했다. 그리고는 주변을 돌아보며 한 마디 했다.

"그 동안의 오해가 풀렸다니 다행입니다. 우리 농장에 관해 바깥 세상에 무수히 많은 소문이 퍼져 있다는 것을 알고, 놀라지 않을 수 없었소. 혁명적이고 선동적이라는 소문은 사실과는 다릅니다. 우리들은 이웃 농장들과 좋은 관계를 유지하며, 평화롭게 살아가기를 희망할 뿐입니다."

나폴레옹의 진지한 이야기에 그 곳에 모인 사람들은 조용해졌다.

"오늘 농장 안을 둘러보시면서, 예전과는 몇 가지 달라진 점이 있다는 것을 눈치채지 못하셨을 줄로 알고 말씀드리겠습니다. 그 동안 우리는 일요일이면 한 돼지의 해골 앞에서 행진을 해 왔는데, 그 일을 이제부터 하지 않기로 했으며, 해골도 땅에 묻었습니다. 깃발 역시, 전에는 발굽과 뿔이 그려져 있었지만 지워 버리고, 녹색 기만 꽂아 두었습니다. 그리고 필킹턴 씨의 연설 중에 잘못 알고 있는 것이 있습니다."

사람들은 나폴레옹이 하는 연설을 바짝 귀를 열고 듣고 있었다. 필킹턴은, 나폴레옹이 자신이 한 말을 지적하려 하자 바짝 긴장했다.

"그 일은 다름이 아니라, 이 농장을 가리키는 말은 '동물 농장'이 아니라, 예전에 부르던 '장원 농장'입니다. 이것은 지금 이 곳에서 처음 발표하는 내용입니다. 자, 이제 건배의 잔을 들어 주십시오!"

돼지들과 사람들이 그의 말대로 잔을 높이 쳐들자, 나폴레옹은 큰 소리로 외쳤다.

"장원 농장의 새로운 발전을 위하여!"

밖에서 이 광경을 모두 지켜본 동물들은, 더 이상 놀랄 힘도 없었다.

'흠, 그럼 우리는 앞으로 어떻게 되는 걸까? 그 동안 배고픔과 심한 노동에도 불구하고, 단지 동물 농장의 일원이라는 자부심 하나만 가지고 살아 왔는데.'

안에서는 박수 소리와 웃는 소리가 연이어 들려 나왔다. 동물들은 이 제 버림받은 비참한 기분이 들었다. 클로버는 그 곳에 모여 있는 돼지 들의 얼굴을 하나씩 훑어 보았다.

'저들을 달라지게 한 건 무엇일까? 돼지들의 얼굴이 예전 같지 않았 다. 분명히 이상한 일이 일어나고 있는 거야.'

안에서는 연설이 끝나자 잠시 중단했던 카드를 다시 집어들었다. 서 로서로 정다운 이야기를 나누며, 게임에 열중하고 있었다.

"이제 그만, 우리들의 자리로 돌아가자."

어깨에 힘이 쭉 빠진 그들은, 뒤돌아서서 주택을 빠져 나오려고 했다. 클로버가 앞장을 서고 다시 발소리를 죽여 가며 거의 다 왔을 때였다.

"뭐야! 내가 먼저 냈어!"

"무슨 소리야? 조금 전부터 내가 들고 있었는데."

    갑자기 주택 안에서 '와당탕' 하는 소리와, 서로 싸우는 소리가 동물들의 귀에 들려왔다.

    "싸움하는 소리 같은데. 클로버, 다시 한 번 가 보자."

    "좋아!"

    되돌아가서 저택 안을 살펴보니, 서로 자기네가 옳다고 우겨 대고 있었다. 어떤 사람은 분을 이기지 못해, 식탁을 꽝꽝거리며 두들겨 대는가 하면 욕을 하기도 했다.

    돼지들도 이에 질세라 두 발을 들어, 사람들에게 위협을 하는가 하면 욕설을 해댔다. 이야기를 들어 보니, 나폴레옹과 필킹턴 씨가 같은 카드를 내놓았기 때문이다.

    인간과 동물이 뒤엉켜 말을 내뱉는 것을 보니, 누가 무슨 말을 했는지 알 수가 없었다. 그 소리는 한데 파묻혀 인간의 소리인지, 돼지의 소리인지 구분할 수가 없었다.

 바깥에 서서 이 광경을 들여다보고 있던 동물들은, 돼지들의 얼굴이 점점 변하는 것을 느낄 수 있었다.

 동물들은 돼지의 얼굴에서, 사람의 얼굴로, 다시 돼지의 얼굴을 한참 동안 보다가 중얼거렸다.

 "아, 돼지는 사람으로 보이고, 사람은 돼지처럼 보인다."

 그들은 절망의 눈빛으로 한동안 그 곳에서 움직일 줄을 몰랐다.

작품 알아보기
(장편문학)

〈동물 농장〉은 오웰이 1944년에 발표한 작품으로, 스탈린 치하의 옛 소련의 사회주의 정부를 풍자한 정치 우화이다.

어느 농장에서 평소에 소홀한 대우를 받고 있던 가축들이 반란을 일으키자는 수퇘지 메이저 영감의 호소에 힘입어 반란을 일으킨다. 농장주 존스와 관리인들을 내쫓고 동물들 스스로가 농장을 경영하여 농장의 이름도 '동물 농장'으로 바꾼다.

비교적 지능이 발달한 돼지인 나폴레옹, 스노볼, 그리고 스퀼러의 지도와 계획 아래 모든 동물들은 평등한 동물공화국 건설을 위해 열심히 일한 결과, 그야말로 평등의 이념에 입각한 이상적 사회가 되었다.

그런데 풍차 건설을 계기로 나폴레옹은 이상주의자 스노볼을 쫓아내고 간교한 스퀼러를 대변자로 내세운 뒤, 개 아홉 마리를 앞장세워 공포 분위기를 조성한다. 그야말로 완전한 독재 체제를 세운 것이다.

나폴레옹은 동물들의 자유를 허물어뜨리고 동물들의 내적 불만을 외적인 공포 분위기로 제압한다. 돼지들은 불평하거나 항의하는 동물을 첩자로 몰아 숙청하기도 하고, 옛날처

작품 알아보기
(장편문학)

럼 작업량을 늘리고 식량 배급을 줄이기로 한다.

반면, 나폴레옹을 둘러싼 지배 계급은 존스 시대의 인간보다 더 사치스러운 생활 속에서 호의호식하는 등 '동물 농장'은 인간 사회의 악폐라고 주장하던 그 상태로 되돌아가고 만다.

결국 이상적인 사회를 꿈꾸던 혁명은 완전히 타락하고, 나폴레옹의 독재 체제가 더욱 강화되어 동물들은 혁명 전보다 더 심한 착취를 당하게 되며, 동물들의 의식까지도 지배하는 전체주의적 공포 사회가 되고 만다.

스탈린주의를 비판한 최초의 문학 작품으로, 근대 이후의 풍자소설 중 가장 훌륭한 작품으로 평가받고 있다.

논술 길잡이
(장편문학)

❶ 존스 농장의 동물들은 돼지의 지도 아래 반란을 일으켜 평등한 이상 사회를 건설하고자 한다. 그런데 많은 동물 중에서 왜 돼지가 반란의 주동이 되는지 그 이유를 본문에서 찾아 써 보자.

❷ 존스의 농장에 있는 수퇘지 메이저의 꿈은 무엇인지, 그의 연설을 통해 글로 써 보자.

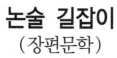

논술 길잡이
(장편문학)

❸ 아래 그림은 농장에 있는 동물들이 주인 존스를 비롯한 농장의 인간들을 내쫓는 장면이다. 이러한 농장의 반란이 일어나게 된 계기를 본문에서 찾아 쓰라.

....

....

....

....

....

❹ 동물들은 반란에 성공하고, 새로운 이상사회의 실현을 위해 7가지 계명을 세운다. 그것은 어떤 것들인지, 왜 그런 계명을 세웠는지 생각해 보고 글로 정리해 보자.

....

....

....

....

❺ 동물들에게 내쫓긴 존스가 농장을 되찾기 위해 오자, 동물들은 그를 맞아 싸움을 벌인다. 그 싸움 이름은 무엇인지, 또 그 과정과 결과는 어땠는지 써 보자.

....

....

....

....

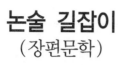

논술 길잡이
(장편문학)

❻ 다음은 돼지 지도자 격인 나폴레옹이 민심을 얻고 있는 라이벌 스노벌을 내쫓고 권력을 차지하는 장면이다. 여기에서 아홉 마리의 개가 상징하는 것은 무엇인지 글로 써 보자.

> 그러자 어디선가 개들이 사납게 짖는 소리가 점점 가까이에서 들려오기 시작했다. 놋쇠장식을 목에 매단 아홉 마리의 사나운 개가 헛간 안으로 뛰어들어왔다. 동물 농장 동물들은 너무 놀라 한 걸음씩 뒤로 물러섰다. 아홉 마리의 개들은 곧장 스노볼을 향해 공격을 했다.
>
> ……막 스노볼의 꼬리가 개들에게 잡히려는 순간, 그는 목장 울타리 밑에 난 구멍으로 몸을 들이밀고 달아났다. 아홉 마리의 개들은 스노볼이 혹시라도, 이 곳으로 돌아오기라도 할까 봐, 한동안 울타리 앞을 지키고 서 있었다.

논술 길잡이
(장편문학)

❼ 다음의 등장 인물들의 성격을 분석해 보고, 각각의 인물이 상징하는 것이 무엇인지 적어 보자.

등장 인물	성 격	상 징
스 노 볼		
나폴레옹		
스 퀼 러		
복 서		
벤 자 민		
몰 리		
클 로 버		
뮤 리 엘		

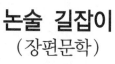

논술 길잡이
(장편문학)

❽ 비바람에 무너진 풍차 앞에서 나폴레옹은 왜 이런 말을 했
는지 그 이유를 적어 보자.

> "내 추측이 틀림없어! 스노볼이 이렇게 한 거야! 스노볼이 내쫓긴 앙
> 갚음으로 우리의 피와 땀이 스민 풍차를 이 지경으로 만들어 놓은
> 거야. 날씨가 좋지 않은 날을 골라서 농장 안으로 몰래 들어와 이런
> 짓을 해 놓았어."

....

....

....

....

....

....

논·술·세·계·대·표·문·학 〈전60권〉

펴 낸 이	정재상
펴 낸 곳	훈민출판사
주 소	경기도 고양시 덕양구 원당동 416번지
대 표 전 화	(031)962-3888
팩 스	(031)962-9998
출 판 등 록	제395-2003-000042호